'이 산지를 내게 주소서' 작곡 30주년을 맞는
순회선교사 홍진호의 순례기

믿음의 삶,
믿음으로
그와 함께 걷다

홍진호 지음 / 그림 홍은찬

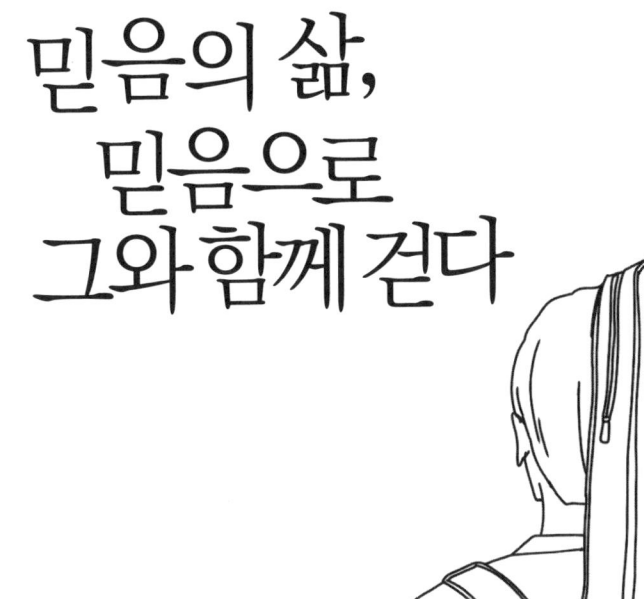

mirutree

지은이 | 홍진호

'이 산지를 내게 주소서'의 작사, 작곡가로 더 알려져 있다.
2015년부터 현재까지 주님의 부르심을 따라서 '자비량 선교사'로서
일본, 인도네시아, 태국, 필리핀, 몽골, 싱가포르, 호주 시드니 등을 다니면서
찬양으로 선교지를 섬기고 있는 그는, 찬양 가수이자 작곡자로 활동하며,
찬양인도자로서 국내외 여러 교회를 섬겨왔다.

인천새빛교회 (1996)를 시작으로, 희망교회(2000), 일산사랑의교회(2003),
보배로운교회(2006) 등에서 찬양인도자 및 청소년부서 담당으로 시무했다.

큰 공연 위주의 사역보다는 찬양인도자를 세우기 어려운
작은교회, 미자립선교지를 돕는 것을 비전으로 삼으며,
현재도 평택대학교 내의 기도모임과
여러 지역의 작은교회 등을 찬양인도와 말씀으로 섬기며 활동하고 있다.

믿음의 삶, 믿음으로 그와 함께 걷다

	인사말	6
	프롤로그	9
첫 번째 시즌	**믿음의 삶으로 부르심 / 그가 나를 부르셨다**	11
	쓰실 만하거든 나를 써 주세요 I	12
	쓰실 만하거든 나를 써 주세요 II	16
	그가 나를 부르셨다	19
	그가 말씀하신다	23
	천국으로의 여정	28
두 번째 시즌	**믿음의 삶의 훈련 / 나를 더 믿을 수 있겠니?**	33
	내가 너와 약속하였다	34
	전도여행 I	38
	전도여행 II	42
	이 산지를 내게 주소서	47
	그는 약속을 지키신다	50
	나를 더 믿을 수 있겠니?	53
	내가 너를 위해 지었단다	58
	사랑 그리고 예배	61
세 번째 시즌	**부르심의 확인 / 건너와서 우리를 도우라**	65
	돌아오라 이 땅이여	66
	건너와서 우리를 도우라	70
	죽음을 넘어서	75

네 번째 시즌	**그와 함께 걷다 / 주님은 말씀을 이루십니다**	81
	외로움 속에서 그를 만나다	82
	God will make a way	85
	너의 우직함을 사랑한다	90
	사랑스러운 성령님	94
	예배의 문을 여는 자	98
	하늘의 문을 여는 예배	101
	주님은 말씀을 이루십니다	105
다섯 번째 시즌	**더욱 그를 배우다 / 인생은 범람하는 강과 같다**	109
	어두운 밤길에도 그가 있었다	110
	주 너의 하나님이	115
새로운 시즌	**현재진행형**	121
	바르게 살아온 너에게	122
	여전히 신비 속에 살고 있다	126
	현재진행형	130
에필로그		133

인사말

주를 믿음으로 따라가는 나의 형제들에게

코로나 팬데믹의 시대가 시작되기 전, 주님은 내게 한 가지 비전에 대해서 말씀하셨다.
"너는 너의 다음 세대에게 믿음으로 사는 삶의 모범이 될 것이다."

당시 나는 어떤 성과를 기대하거나 낼 수 있는 상황이 아니었다. 그저 주님께서 주시는 마음을 따라서 여러 나라를 다니면서 사람들과 함께 예배하고, 주님이 주신 마음을 나눌 뿐이었다. 그런데 주님은 내가 다음 세대에게 무엇을 보여줄 거라고 말씀하는 것일까?

문득 몇 년 전 초청받았던 어느 교회의 중고등부 수련회가 생각났다. 그 집회에서 간증하다 보니 '내 얘기가 과연 간증인가?' 하는 의문이 들었다. 보통 간증이라면 성공의 스토리를 동반하는 게 일반적일 터인데, 내 간증엔 성공의 스토리, 인생의 결론이 들어있지 않았다. 그렇게 집회를 마치고 난 후, 담당 전도사님이 다가와 내게 이렇게 얘기해 주었다.
"이것은 불신의 가정에서 태어나 예수를 믿고 그에게 자신의 삶을 맡긴 믿음의 사람의 스토리군요."

내게 '믿음의 삶'이란 어떤 것인지 고민해 봤다. 1995년 하나님이 주신 감동을 따라서 '이 산지를 내게 주소서'라는 곡을 만들고 30년이 지났다. 지난 30년 동안 하나님께서는 내게 끊임없이 믿음을 요구하셨다. 그 믿음은 단순한 것이었다. '오직 주님만 의지할 수 있는가?' 에 대한 것이었다.

2015년부터 순회선교사의 삶을 살면서부터, 나를 가장 괴롭힌 생각은 '아무것도 이룬 것이 없다.' 라는 것이었다. 내 주위 비슷한 또래들은 구체적인 뭔가를 하고 있는 것처럼 보였다. 그러나 나는 아무것도 하지 않는 것만 같았다. 그저 주님이 주신 마음을 따라 다닐 뿐 이었다.

그런 내게 주님은 또 말씀하셨다.
"진호야, 나는 네가 어떤 큰일을 하지 않는다고 해도, 네 평생에 어떤 업적을 남기지 않는다고 해도, 네가 내 말에 순종하여 이 땅에 있다는 것 하나만으로도 너의 큰 상급이라고 여긴단다."

그 말씀에 힘을 입어 다시 걸어가니 그는 또 이렇게 말씀하셨다.
"그것이 너와 나의 언약이었다. 너는 내게 헌신하고, 예배하며, 찬양하면, 내가 너의 삶을 책임지는 것! 그것이 너와 나의 언약이었단다."

다시 묵묵히 그 길을 걸어가니 그가 또 말씀하셨다.
"진호야, 나는 너의 우직함을 사랑한다."

나의 삶의 이야기는 단순하다. 주님이 말씀하셨고, 나는 따라가고,

주님이 이루심을 경험한다. 나는 이 이야기를 읽는 이들이 이런 단순한 삶을 살아갈 수 있기를 소망한다. 어떤 성공의 스토리를 전하는 것이 아닌, 함께 공감할 수 있는 이야기가 되기를 소망한다. 내 삶 속에 일하신 주님이 이 책을 읽는 독자들의 삶 속에서도 일하실 수 있음을 확신하기를 소망한다. 그래서 우리의 주님께서 당신에게도 같은 말씀을 하시기를 소망한다.
"나는 너의 우직함을 사랑한다."

2025년 6월, 평택에서

프롤로그

1993년 12월, 우연한 기회에 필리핀으로 가는 선교여행팀의 찬양인도자로 합류하게 되었다. 처음으로 다른 나라를 여행하게 된 것이다.

난 선교사가 될 마음이 없었다. 선교사는 특별한 사람들이라고 생각했던 난 그런 특별함과는 거리가 멀다고 생각했다. 그저 처음으로 외국 여행을 한다는 기대감을 안고 떠난 3주간의 여정이었다. 마닐라의 쓰레기마을로, 해발 1500m의 고산도시인 바기오로, 더 높은 산지 마을인 까방안으로, 그리고 다시 마닐라로 이동하는 여정 속에서, 나는 그전에 보지 못했던 선교지와 그 선교지 안의 사람들을 보게 되었다. 그들에게 전도하고, 함께 찬양하고, 교제하면서 내가 전에 막연하게 생각했던 선교사의 삶에 대해서 구체적으로 들여다볼 수 있었던 기회였다. 3주 후 집으로 돌아와서도 쉽사리 잠이 오지 않았다. 그 선교지에서의 감동과 흥분됨이 멈추질 않았다. 나도 모르게 주님께 기도했다.
"주님, 쓰실 만하거든 나를 써주세요."

갑자기 한 그림이 내 눈앞에 떠올랐다. 기타 가방을 메고 있는 나의 모습이 보였다. 나는 어떤 신교지를 걷고 있었다. 아, 이것이 그때 권사님이 보셨다는 '환상'이라는 것이구나. 주님이 말씀하시는 음성이 들렸다.
"진호야, 내가 너를, 열방을 찬양으로 섬기는 사역자로 불렀다!

난 지금도 기타를 메고 온 세계를 다니고 있다. 선교지를 찾아가 함께 찬양하며 예배하는 일을 하고 있다. 사람들이 묻는다.
"목사님은 왜 교회사역을 안 하고 그렇게 돌아다니십니까?"

나는 대답한다.
"하나님께서 저를 그렇게 부르셨으니까요."

30여 년 전, 환상 속에서 보았던 그 청년은
지금도 그 모습으로 그 길을 걷고 있다.

첫 번째 시즌   믿음의 삶으로 부르심 / 그가 나를 부르셨다

"내가 너로 큰 민족을 이루고 네게 복을 주어

네 이름을 창대하게 하리니 너는 복이 될지라"

창12:2

| 복의 근원

* QR을 찍으시면 노래를 들으실 수 있습니다.

쓰실 만하거든 나를 써주세요 I

 고등학교 2학년 때까지 나의 꿈은 국어선생님이 되는 것이었다. 공부를 대단히 잘했다거나 국어과목에 특별한 관심이 있어서는 아니었다. 그저 책읽기를 좋아하고, 글쓰기를 좋아하다보니 그에 근접한 꿈을 꾸고 있었던 것 같다. 당시에는 남녀공학이라는 개념이 생소할 때였기 때문에 남자 중고등학교에 다녔던 나는 여자고등학교에 대한 환상 같은 것이 있었다. 그래서 더 솔직히 표현하자면 여자고등학교 국어선생님이 되고 싶었다.

 그렇게 고등학교 2학년이 지나고 3학년으로 올라가던 1월, 교회 고등부 수련회에 참석했다. 마지막 날 주기철 목사님의 일대기를 다룬 비디오를 보는 순서를 가졌다. 그날 주기철 목사님의 이야기가 내게 특별한 감동으로 다가왔다. 깊은 감격과 은혜 속에 '예수 나를 오라 하네' 라는 찬양을 부르며 기도하던 그 시간, 나도 모르게 내 입술에서 이런 고백이 흘러나왔다.
'주님, 쓰실 만하거든 나를 써 주세요.'

 나는 예수님을 믿지 않는 가정에서 태어났다.
 나의 할머니와 외할머니는 모두 무당이셨다. 친할머니는 정식 무당이라기보다는 무당을 보조하는 역할이었다. 외할머니는 정식으로 신내림을 받은 직업 무당으로, 인천 앞바다의 한 섬에서 만신이었던 분이었다.

초등학교에 들어가면서 나는 친할머니와 한 집에서 살게 되었다. 나의 친할머니는 친절하지 않은 분이셨다. 특히 친손자였던 나에겐 유독 더하셨다.

"너 같은 놈은 이런 지옥에 가게 될 거다."
 당시 유행하던 소년 잡지에 실려 있던 지옥도를 보고 있던 나에게 느닷없이 할머니가 말씀하셨다. 어린 내게 그 말은 깊은 공포로 다가왔다. 혀와 눈이 뽑히고 사지가 잘리는 그림 속의 지옥에 내가 가게 된다니.

 할머니는 늘 나를 '놈'이라고 부르셨다.
'너 같은 놈, 멍청한 놈, 바보 같은 놈'
 왜 그리도 친손자인 나를 못마땅해하셨는지, 어린 나는 이해할 수 없었다. 그저 그 말을 힘없이 받아들일 뿐이었다.

 할머니가 사용하시던 그 부정적인 말들은 어린 나를 지배했다. 나는 소극적인 사람이 되었고, 자존감이 낮은 사람이 되었다. 마음속에선 화가 났지만, 그 화를 표현할 수가 없었다. 나는 울분을 참다못해 주먹에 힘을 주고 울 때가 많았다.

 나는 늘 칭찬에 목말랐다. 그러나 칭찬해 줄 사람이 주위에 없었다. 아버지와 할머니와의 갈등으로 힘들어하시던 어머니는 칭찬할 여유가 없으셨고, 활달하고 재주가 많으시던 아버지에게 나는 특별날 게 없는 그저 걱정거리인 아들일 뿐이었다. 그나마 초등학교 3학년 이후로는 늦둥이로 태어난 동생에게만 모든 관심이 쏠렸고, 나는 점점 칭찬과는 거리가 먼 사람이 되어갔다.

 중학생이 되면서 내게도 좋아하는 것이 생기게 되었다. 바로 노래였다. 당시 다른 중학생들처럼 나도 이문세라는 가수의 노래에 푹 빠지게 되었고, 하루는 그의 노래를 흥얼거리던 나에게 친구가 지나가듯 칭찬을 내뱉었다.

"제법 노래를 잘하네"
"어? 노래를 잘해? 내가?" 참 오래간만에 듣는 칭찬이었다.
"내가 잘하는 게 있었네."

 그리고 얼마 지나지 않아서 다가온 음악 시간, 어디선가 잔뜩 스트레스를 받은 듯한 얼굴로 들어오신 음악 선생님이 번호순으로 돌아가며 애국가를 불러보라고 지시하였다. 부끄러움이 많던 내게 친구들 앞에서 혼자 노래한다는 것은 쉬운 일이 아니었다. 그래도 해야 했기에 정성을 다해서 첫 소절을 부르는데 갑자기 선생님이 소리치셨다.

"그만! 너 당장 나가! 너처럼 노래 못 부르는 놈은 내 수업을 들을 자격이 없어!"

 한참 예민할 나이인 중학교 2학년짜리 사내아이가 복도로 나가며 느껴야 했던 수치심과 좌절감은 너무나 컸다.

'다시는 노래 부르지 않겠어!'

쓰실 만하거든 나를 써주세요 II

내가 중학교 3학년 때부터 우리 식구가 모두 교회를 다니게 되었다. 양가가 전부 무속인의 집안이었던 우리 가정이 교회에 간다는 것은 꿈도 꾸기 어려운 일이었다. 심지어 불과 1년 전까지만 하더라도 수많은 무당이 우리 어머니를 찾아와 신내림을 받지 않으면 죽게 될 거라는 이야기를 들었던 터라, 온 가족이 교회에 나가게 된 것은 기적 같은 일이었다.

중학교 2학년 한해 동안 온 가족이 아파서 사선을 넘나들어야 했다. 어머니는 그 아픈 와중에 내가 어릴 때 아버지가 사 와서 읽어주시던 성경책 한 권을 한 장 한 장 찢어서 아궁이에 넣어 불태우시기도 했다.

온 가족의 병치레가 끝나갈 무렵, 외삼촌의 사고가 찾아왔다. 길거리에서 싸움을 말리던 외삼촌이 머리를 맞고 이로 인해서 눈이 보이지 않게 되었다. 여러 병원에 다녔지만, 소용이 없었다. 그즈음 발이 넓었던 친척 누나가 자기가 아는 큰 병원 의사를 소개해주기로 하였고, 그 조건으로 우리 가족이 교회를 다니도록 강권하였다. 이로 인해서 우리 가족이 교회에 발을 들여놓게 됐다.

1986년 1월 첫 주, 처음으로 참여한 중등부 예배에서 나는 특별한 경험을 하게 되었다. 주기도문이 무엇인지, 사도신경이 무엇인지도 모르던 내가 첫 기도시간에 다른 사람을 따라 두 손을 꼭 쥐고 울고 있었다. 왜인지 이유는 알 수 없었으나 그냥 눈물이 나왔다. 마치 잃어버린 집으로 돌아온 듯 나는 예배 내내 울고 있었다.

교회는 내게 특별한 경험의 장소였다.

고등부에 올라가면서 선배의 권유로 들어가게 된 성가대에서의 첫 시간에 지휘자 선생님이 내 노래를 듣고는 칭찬을 해주셨다.
"너 왜 이렇게 노래를 잘해!"

교회 주보에 에세이를 내 보라는 담임선생님의 말씀을 따라 글을 써 보았더니, 주보를 담당하는 선생님이 칭찬해 주셨다.
"너 진짜 글을 잘 쓰는구나!"

친구들과 밤새 어울리는 것이 좋아서 시작한 매주 금요철야예배에서 만난 권사님이 칭찬해 주셨다.
"야, 너 진짜 기도 열심히 하는구나!"

어머니를 따라서 기회가 될 때마다 참석한 부흥회에서 기도할 때, 하나님께서 칭찬해 주셨다.
"네가 와서 참 기쁘구나!"

그렇게 시간이 지나서 찾아온 고3 겨울수련회의 마지막 밤!

'예수 나를 오라 하네 예수 나를 오라 하네

어디든지 주를 따라 주와 같이 같이 가려네'

 하염없이 울며 고백하다가 나도 모르게 주님께 기도하였다.
'주님, 쓰실 만하거든 나를 써 주세요!' 그때 나는 주님을 믿음으로 따라가기로 결정하였다.

 27년이 지난 어느 날, 믿음으로 순회 선교사로 살기로 결정하고 살아가던 어느 날, 나는 운전을 하며 찬양을 듣고 있었다.

 '주의 인도하심 따라 주의 인도하심 따라
 어디든지 주를 따라 주와 같이 같이 가려네'

 갑자기 주님이 물었다.
"진호야, 그때로부터 벌써 27년이 지났구나!"

 나는 대답했다.
"네, 벌써 그렇게 되었네요, 주님!"

 주님이 말씀하였다.
"27년 동안 잘 따라와 주어서 고맙다, 진호야!"

 주님이 나를 칭찬해 주었다.

그가 나를 부르셨다

고3 겨울 수련회 때 경험한 고백 사건 이후, 시간이 한참 지난 후에도 나는 그 고백이 어떤 의미가 있는지 자각하지 못했다. 그저 수련회 중에 받은 감동이라고만 여기고 있었다. 두 주 후 금요일 철야기도회 중이었다. 옆에서 기도하시던 권사님 한 분이 나를 부르셨다. 나에 대한 환상을 봤다는 것이다. 환상? 당시의 나는 환상이나 방언 같은 것들은 매우 신비한 것이고, 나와는 거리가 먼 것이라고 치부했다. 그 때문에 권사님의 환상이라는 말에 조금 어리둥절했다. 그러나 나의 어리둥절함과는 상관없이 권사님은 자기의 얘기를 이어가셨다.

"수많은 사람들이 있는데, 하나님이 그들을 모두 밀어내시더구나. 그러더니 너를 당신의 손 위에 올리시고 위로 올리시는 거야. 너 하나님의 일을 해야겠다."
'응? 이게 무슨 말이지?'

그날 밤, 나는 그 권사님이 말한 '하나님의 일'이 무엇일지 깊이 고민하게 되었다. 그런 일에 경험이 없던 나에게 떠오르는 '하나님의 일'은 신학교에 가는 것이었다.
'아, 내가 신학을 해야 하나 보다.'

다음 날 아침, 집으로 돌아가서 어머니에게 어젯밤 있었던 일을 설명하고 '난 신학을 해야 할 것 같다.'라고 말씀드렸다. 잠시 고민하시던 어머니는 나의 말에 수긍하시고, 함께 그 일을 준비하기로 동의해 주셨다. 부모가 된 지금의 입장에서 생각해 보니, 당시 어머니의 그 결단이 대단한 것이었음을 깨닫는다. 곧 나는 신학대학 진학을 준비하기 시작했다. 담임선생님께 사정을 설명드리고, 전혀 준비하지 않던 제2외국어 공부를 하기 시작했다. 신학과를 가기 위해서 당시에는 독일어 공부가 필수였기 때문이다. 쉽지 않은 시간이었다. 아버지의 반대와 주변의 걱정을 이겨내야 했었다. 그렇게 고3의 시간을 보내고 있었다.

 5월이 되었으나 생각만큼 성적이 나오지 않았다. 내가 원하는 신학대학교에 갈 수 있을지 걱정이 되기 시작했다. '괜히 신학을 한다고 했나?' 후회되는 마음이 들자 모든 것이 힘들게 느껴졌다. 아침에 일어나 국에 밥을 말아 먹고 있는데, 라디오 기독교방송에서 말씀이 흘러나오고 있었다. 당시 난 아침밥을 먹으며 기독교방송을 듣는 것이 일상이었다. 한숨만 나오는 내 현실에 밥 한술 넘기기도 힘들었던 그때, 라디오에서는 이사야 41장 말씀이 낭독되고 있었다.

"내가 너를 붙들며 땅 모퉁이에서부터 너를 부르고 네게 이르기를 너는 나의 종이라 내가 너를 택하고 싫어하여 버리지 아니하였다 하였노라 두려워하지 말라 내가 너와 함께 함이니라"
(이사야 41장 9~10절)

 눈물이 흘러내렸다. 내 입으로 들어가는 밥이 국물에 말은 밥인지,

눈물에 말은 밥인지 알 수 없었다. 그저 울고 또 울었다.

 1989년 12월, 나는 전기대학 불합격의 소식을 접하고 깊은 절망에 빠져 있었다. 하나님께서 나를 부르셨다고 했는데, 나를 택하셨다고 했는데, 왜 떨어졌지? 나의 현실을 인정하기 힘들었고, 내가 보낸 1년의 세월이 원망스러웠다. 마음을 다잡고 후기 시험을 준비하려 했으나 실망한 마음에 쉽사리 공부에 집중이 되지 않았다. 그때였다. 갑자기 '시편 31편 22절' 말씀이 마치 실제 음성처럼 떠올랐다. 찾아보니 그 시편은 이런 내용이었다.
'내가 놀라서 말하기를 주의 목전에서 끊어졌다 하였사오나 내가 주께 부르짖을 때에 주께서 나의 간구하는 소리를 들으셨나이다'

 한참을 울고 나서 다시 마음을 다잡고 공부를 시작했다. 그렇게 나는 신학생이 되었다.

얼마 전, 삶의 무게에 내 부르심에 대한 회의가 올라왔다.

"이사야 41장을 보아라, 진호야!"
'응? 이사야 41장?'

9절과 10절의 말씀이 눈에 들어온다.
'내가 땅 끝에서부터 너를 붙들며 ... '

그가 내게 말씀하신다.
"진호야, 내가 너를 불렀다. 너는 내 것이다."

그렇다. 주님이 나를 부르셨다. 그리고 나는 응답했다.
그것이면 되었다. 다 되었다.

그가 말씀하신다

 내가 교회 생활을 하면서 함께 신학을 하기로 결심했던 친구가 있었다. 중학교 3학년, 첫 성경공부시간에 만난 그 친구의 모습은 사실 충격적이었다. 싸움하다가 다쳤다면서 주먹에 붕대를 감고 씩 웃는 그 녀석의 모습은 말 그대로 일진이었다. 그때까지만 해도 그 친구는 가까이 대하기 어려운 녀석이었다. 그 친구와 친해진 건 고등부에 올라가면서였다. 고등부 시절부터 함께 철야기도를 다니기 시작하고, 수련회 때마다 함께 기도하며 친해지기 시작했다. 고등학교 2학년 때는 함께 고등부 임원을 같이 했고, 고등학교 3학년이 되면서는 함께 신학을 하자고 결정하는, 말 그대로 절친이 된 것이다.

 그런데 6월 어느 주일, 우리는 후배에 관한 일로 심하게 다투게 되었다. 나는 속상한 마음을 안고 집으로 돌아왔다. 다음 날인 월요일, 학교 운동장에서 체육활동을 하고 있는데, 교회 후배가 학교를 조퇴하고 돌아가다가 날 보고 다가오더니 이상한 말을 하였다.

"형, 그 형 죽은 거 알아요?" 아니, 이게 무슨 말이지? 순간 무슨 말을 해야 할지 몰랐던 나는 그 후배에게 큰소리로 외쳤다.
"야, 사람 목숨 갖고 장난하는 거 아냐!"

 장난이 아니라며 집으로 돌아가는 후배를 잡지 못했다. 자율학습이 시작되었으나 두근거리는 심장은 진정되지 않았다. 황급히 공중전화로 달려가 그 친구의 집으로 전화했다.
"여보세요? 00이 집이죠?"
"그래, 00이 큰엄만데 누구니?"
'아! 역시 장난이었구나!' 속으로 크게 한숨을 내쉬며 말했다.
"저 00이 친구인데, 00이 집에 있나요?"

갑자기 전화기에서 울먹이는 소리가 들렸다.
"00이 죽었는데 누구니? 흐흑"

그날 밤, 나와 다투고 속이 상한 그 녀석은, 마시지 않던 술을 한잔하고 집으로 돌아갔다. 자기 어머니에게 안녕히 주무시라고 말한 뒤 잠이 들었고, 그는 다시 깨어나지 못했다.

장례식은 그 친구의 집에서 치러졌다. 친구의 집에 들어갔다. 그의 영정사진이 가장 먼저 눈에 띄었다. 권사님이신 친구의 어머니는 그 친구가 천국에 도착했다고 주님이 말씀하셨다고 내게 말했지만, 당시 내 귀엔 어떤 말도 들어오지 않았다.

비가 오고 있었다. 거리로 나왔으나 집으로 돌아가고 싶지 않았다. 비가 오는 거리를 걷고 또 걸었다. 이게 무슨 일인가? 내가 믿는 하나님이 살아계시긴 한 것일까? 아무런 답도 얻을 수 없었다. 끝없는 질문만이 내리는 비와 함께 나를 적셨다. 난 내가 가진 믿음과 믿음으로 한 모든 결정에 회의를 느꼈다. 그렇게 어둑한 장마와 같은 나의 여름이 시작되었다.

 여름 내내 나는 철야기도에 빠지지 않았다. 기도하기가 쉽지 않았지만, 그럼에도 기도의 자리를 지켰다. 나도 하나님도 침묵하던 7월의 시간이 지나가고 있었다. 개학을 며칠 앞둔 여름방학 마지막 철야기도시간이 되었다. 그날은 다른 날보다 더 기도가 나오지 않았다. 아무리 기도하려 해도 아무 말도 입 밖으로 나오지 않았다. 지쳐서 올라간 교회의 옥상에서 난 멍하니 인천항의 야경을 바라보고 있었다. 그때 한 학년 아래의 후배가 나를 찾아왔다.

"오빠, 이번 방학 동안 저희 학년하고 오빠 학년 선배들이 계속 따로 기도모임을 하고 있는데, 내려가서 같이 기도해요."

 난 거절했다. 더는 기도하고 싶지도 않았고, 아무런 기대도 하고 싶지 않았다. 매정하게 후배를 내려보내고 나니, 내 마음에 어떤 양심의 소리 같은 것이 들렸다.

'야, 신학을 하겠다는 놈이 기도하자는 제안을 거절해?'

 다시 다리에 힘을 주어 기도실로 내려갔다. 그날 밤, 내 혀가 꼬이면서 내가 알 수 없는 언어들이 내 입에서 나오기 시작했다. 쏟아져 나오는 이상한 말들은 멈추질 않았고, 그 말들이 계속될수록 마음은 뜨거워지고 끊임없이 눈물이 흘러내렸다. 늘 신기하게만 여겼던 '방언'이었다. 그날 기도하던 우리는 모두 한 사람도 빠짐없이 '방언'을 경험했다. 우리는 그 감격스러운 마음을 주체하지 못한 채, 그다음 날도 또 그다음 날도 모여서 기도하기 시작했다. 셋째 날, 다른 이들을 위해서 기도하는데, 그들을 향해 말씀하시는 하나님의 마음이 느껴졌다. 그리고 그 마음을 따라 그들을 위해서 기도하는데, 마치 하나님의 마음을 대변하듯 여러 말들이 쏟아져 나왔다.

2주간 이어졌던 기도시간에 놀라운 일들은 계속되었다. 함께 기도한 친구들은 환상을 보기 시작했고, 서로를 향한 하나님의 마음을 나누기 시작했다. 그때였다. 갑자기 누군가의 음성이 들렸다.
"진호야, 내가 너를 너무 사랑한단다."

'누구지?' 눈을 들어보니 내 옆엔 아무도 없었다. 모두가 각자 떨어져 기도하고 있었다.
"진호야, 네가 어릴 때부터 나는 널 보고 있었단다. 네가 나를 모르던 때도 널 알고 있었고, 널 사랑했단다. 네가 날 사랑한다고 말하길 기다렸고, 처음으로 네가 그 고백을 했을 땐 내 마음이 너무나도 기뻤단다."

그였다! 그가 내게 말씀하고 계셨다! 마치 이어폰을 끼고 음악을 듣듯, 그가 내 귀에 말씀하고 계셨다.
"내가 널 택했다는 사실을 의심하지 말아라! 난 오래전부터 널 알고 택하였단다!"

그가 내게 말씀하셨다. 그가 내게 확인시켜 주셨다.
'아, 그렇구나! 내가 선택한 게 아니었구나!'

2주간의 기도로 인해서 난 목소리를 낼 수 없었다. 그래도 주일 성가대로서 찬양하는 시간은 놓치고 싶지 않았다. 성가대 연습에 참여했지만, 여전히 목소리는 나오지 않았다. 그래도 괜찮다는 지휘자 선생님의 배려로 참여한 성가대의 찬송시간, 며칠째 나오지 않던 목소리가 갑자기 터져 나왔다. 아니, 정확히는 이전과 다른 목소리가 내 목에서 나오고 있었다. 뻥 뚫린 목소리, 모두가 놀라워했다. 함께 기도했던 후배가 내게 말한다.

"오빠, 그건 하나님께서 오빠에게 주신 목소리예요. 하나님을 위해서 사용하셔야 해요."

난 여전히 찬양하며 살고 있다. 그분이 지금도 변함없이 나에게 말씀하신다는 것을 믿고, 여전히 내게 있는 모든 것은 그분이 주신 것임을 믿고, 내가 할 수 있는 모든 것으로 그 분을 찬양하고 있다. 모두가 인정하는 최고의 삶은 아닐지라도, 그분이 인정하는 최선의 삶을 살고 있으니, 그것이면 되지 않았을까.

난 여전히 그렇게 살고 있다. 그가 말씀하신 대로!

천국으로의 여정

나의 두 할머니는 모두 무속인이셨다. 친할머니는 친구 무당을 따라다니는 북재비였고, 외할머니는 정식으로 신내림을 받은 큰 무당이었다. 외할머니는 한국 전쟁 때 혼자 아이들과 함께 피난 내려와서, 인천의 한 섬에서 신내림을 받고 정식 무당이 된 분이다. 밤마다 구렁이 신이 찾아와 내일 올 사람과 말할 내용을 알려주었다고 하니, '용한 무당'이라 불리어도 무리는 아닌 듯싶다.

내가 중학교 3학년이 되던 해 겨울부터 우리 가족은 교회를 출석하기 시작했다. 어머니는 여러 은사를 받으며 놀랍도록 빠르게 믿음이 성장해 갔다. 우리 가족 중에서 가장 먼저 방언을 말하기 시작하였고, 가는 곳마다 귀신을 쫓아내는 일들이 생겼다. 전도에도 열심이어서, 여러 사람들을 교회로 이끌었다. 당연히 외할머니도 전도의 대상이었다. 어머니는 외할머니를 교회로 이끌려는 시도를 계속했다. 그러나 너무 '용한 무당'이었던 걸까? 외할머니는 절대 교회의 문턱을 넘지 않았다.

비록 무당으로 사셨지만, 외할머니는 너무 착한 분이었다. 험한 삶을 살았음에도 자녀들에게 욕 한번을 하지 않던 점잖은 분이었다. 동네에서 구걸하는 거지들을 그냥 넘기지 못하고 꼭 집으로 데려와 밥을 차려 주었다. 그뿐만 아니라 무당인 외할머니는 우리 식구가 교회에 다니는 것을 반대하거나 방해하지 않았다. 그런데 교회만큼은 들어오지 않으셨다. 한번은 교회에서 부흥회가 있어, 어머니는 반강제로 외할머니를 데려와 예배당에 앉히셨다. 기도와 말씀이 깊어지니, 할머니는 견디지 못하고 끝내 뛰쳐나가는 일도 있었다. 다른 사람을 전도하는 데는 늘 성공하셨던 어머니도 외할머니를 전도하는 일에는 번번이 실패하였다.

 내가 대학 신입생이던 어느 겨울이었다. 교회에서 크리스마스 행사를 준비하고 있는데, 어머니께서 교회로 전화를 하셨다. 외할머니가 쓰러졌으니 얼른 병원 응급실로 오라는 내용이었다. 서둘러 가보니 의사가 한 주를 넘기기 힘드니, 장례 준비를 하는 게 좋겠다는 말을 전하고 있었다. 이후 외할머니는 몸의 반쪽이 마비된 상태로 6개월을 우리 집에서 지내셨다. 간호는 전적으로 어머니의 몫이었다. 먹고 마시는 기본적인 생활도 되지 않는 외할머니는, 매일 사과 몇 쪽과 물로 연명하셨다.

 그렇게 3개월쯤 지났을 무렵, 병간호하다가 옆에서 잠든 어머니의 손을, 잠들었던 외할머니가 갑자기 꽉 잡으셨다. 깜짝 놀라 일어난 어머니는 외할머니가 자신의 이름을 크게 외치는 모습을 보게 되었다. 잠시 후 잠에서 깬 외할머니께 왜 그러셨는지 물었더니, 외할머니는 놀라운 대답을 하셨다.
"하나님이 나를 데리고 가셔서 지옥의 유황불을 보여주셨어. 그리고 심판대 앞으로 끌고 가시더니, 네 이름이 뭐냐고 호통치시는 거야. 너무 무서워서 크게 이름을 외치다가 깼다."

하나님이라고? 심판대라니? 평생 교회를 다니지 않던 외할머니의 입에서 전혀 예상치 못했던 말들이 흘러 나왔다.
"얘야, 내가 거기에 가지 않게 해줘. 거기에 가지 않게 해줘."

결국, 외할머니는 돌아가시기 1개월 전에 어머니 교회 목사님에게 세례를 받았다. 그리고 돌아가시기 일주일 전쯤, 누워계신 외할머니에게 내가 다가갔다.
"할머니, 예수님이 할머니를 구원하신 것을 믿으시죠? 예수님이 할머니의 주인이라는 것을 믿으시죠?"
"응, 응"

외할머니는 고개를 끄덕이셨다. 그렇게 외할머니는 하늘로 귀향하셨다. 가시는 날, 외할머니는 움직일 수 있는 한 쪽 손을 갑자기 번쩍 들며 환하게 웃으며 외치셨다.
"천사가, 천사가 나를 데리러 왔어."

외할머니의 천국 사건으로 우리 가족은 모두 천국에 대한 확신을 얻게 되었다. 항상 이성적이던 아버지도 외할머니의 천국으로의 귀향을 보고 천국을 믿게 되었다. 무당으로 평생을 살아온 한 사람의 귀향이 온 가족에게 참된 고향이 어디인지를 분명히 알려준 것이다.

얼마 전 주일, 예배시간 내내 천국에 관한 생각이 머릿속을 떠나지 않았다. 내가 장차 그곳에서 눈뜨고, 그곳에서 우리 주님을 뵐 거라는 생각이 계속해서 떠올랐다. 집으로 돌아오는 차 안에서도 아내와 천국에 관한 얘기를 계속했다. 그리고 신호대기 중 전방에 하늘과 구름이 보이는데, 그 구름 사이에 예수님이 서 계셨다. 그리고 그 예수님의 주위에 흰옷 입은 수많은 사람들이 보였다. 아내에게 얘기했다.
"여보, 저 구름 사이에 예수님이 서 계시는 게 보여요?"

갑자기 울음이 터져 나왔다. 한참 동안 눈물이 멈추지 않았.
난 언젠가 그곳으로 귀향할 것이다. 내가 사랑하는 그분이 계신 곳, 내가 영원히 살아갈 그곳. 나는 그곳으로 가는 여정에 있다.

두 번째 시즌   믿음의 훈련 / 나를 더 믿을 수 있겠니?

"그 날에 여호와께서 말씀하신 이 산지를 지금 내게 주소서
당신도 그 날에 들으셨거니와 그 곳에는 아낙 사람이 있고
그 성읍들은 크고 견고할지라도 여호와께서 나와 함께 하시면
내가 여호와께서 말씀하신 대로 그들을 쫓아내리이다 하니"

여호수아 14장 12절

| 이 산지를 내게 주소서

* QR을 찍으시면 노래를 들을 수 있습니다.

내가 너와 약속하였다

신학을 전공하고 있었지만, 나에게 선교는 관심도 없고 관계도 없는 먼 얘기였다. 93년도까지 내가 가지고 있던 선교의 이미지는 순교였다. 옷을 벗고 사는 밀림 속의 사람들을 찾아가 복음을 전하다가 그들이 던진 창에 맞아 죽는 모습, 그것이 그 당시 내가 가지고 있던 선교의 대표적인 모습이었다.

93년도 방위로서의 군 복무 기간이 끝나갈 즈음, 내 목회의 멘토이신 황해남 목사님이 내게 어떤 제안을 하셨다. 신학교에서 가는 선교여행팀에 찬양인도자가 부족한데 함께 가지 않겠냐는 것이다. 아무것도 몰랐지만, 난생처음 비행기를 타고 외국을 간다는 기대감에 (그리고 그 당시만 해도 집이 어렵지 않은 상황이었기에) 그 제안을 수락했다.

93년도 12월에 다녀온 3주간의 필리핀 선교여행은 뜨거웠다. 여행을 마치고 돌아온 내 가슴엔 그 뜨거움이 줄어들지 않았다. 그로부터 며칠이 지난 어느 저녁, 나는 혼자 방에서 눈물을 흘리며 주님께 기도했다.
"주님, 쓰실 만하거든 저를 사용해 주세요!"

갑자기 한 가지 풍경이 펼쳐졌다. 내가 기타 가방을 메고 선교지를 걷고 있는 그림이었다. 주님이 말씀하셨다.
"진호야, 내가 너를, 열방을 찬양으로 섬기는 사역자로 불렀다!"

그 순간, 나는 선교사로서 나의 삶을 드렸다!

94년 학교에 복학한 이후 이전에 다녔던 안양대학교에서는 별로 좋아하지 않았던 '예수전도단' 모임에 참석하게 되었다. 그곳에서 예배하면서, 내가 이런 방식으로 예배하기를 원했다는 것을 알게 되었다. 그리고 나의 선교사로서의 부르심이 찬양과 예배인도자로의 부르심임을 확신하게 됐다.

그 시기, 나는 주님에 대한 열정으로 가득했다. 그 열정으로 예배했고, 그런 나에게 주님은 예배 때마다 은혜로 응답하셨다. 그 은혜에 나는 내 삶을 드리는 헌신으로 응답하였다. 그리고 내게 엄청난 일이 일어날 거라고 기대하였다. 그런데 나의 기대와는 다른 엄청난 일이 일어났다.

우리 집이 망했다. 그것도 쫄딱 망했다. 갑자기 집이 없어지고, 가족이 흩어졌다. 장남인 나는 힘들어하는 부모님을 모른 체할 수 없었다. 누구에게도 말하지 않고 새벽에 일어나 인력시장을 찾았다.

94년의 여름은 그 어느 때보다도 뜨거웠다. 실제로 폭염주의보로 인해서 인력노동자들의 사망사고가 이어지던 때였다. 뜨거운 여름, 뜨거운 아스팔트를 까는 신도시의 8차선 도로 공사장에서, 나는 뜨거운 날들을 보냈다.

우리 집은 넉넉한 환경은 아니었지만, 자식을 아끼던 부모님의 사랑 덕에, 나는 어려움 없이 고생과는 거리가 먼 삶을 살고 있었다. 그런 내게 2주간의 뜨거운 여름 노동은 상당한 무리가 됐다. 결국 자리에 몸져눕게 되었고, 손에는 얼마 되지 않는 일당만 남을 뿐이었다. 내 나름대로는 엄청난 결심을 하고 시작한 일이었으나, 결과는 참혹했다. 내 무능력함을 뼈저리게 느끼는 시간이었다.

비가 추적추적 내리는 여름, 절망에 빠진 젊은이가 동인천 거리를 하염없이 걷고 있었다. 걷다 보니, 어느새 내가 다니던 교회의 기도실 앞에 서 있었다.

'주님께 좀 따져보자. 내가 뭘 그렇게 잘못했다고. 이런 어려움에 나를 두시는지.'

개인 기도실에 들어가 문을 닫고 무릎을 꿇었다. 아무런 말도 나오지 않았다. 하염없이 눈물만 흘러내렸다. 아무 능력도 없고, 아무것도 할 수 없던 내가 할 수 있는 유일한 일은 그저 그분 앞에 무릎 꿇고 엎드리는 것뿐이었다. 어느새 3시간 정도가 흘렀다. 갑자기 나의 입에서 내가 의도하지 않았던 고백이 흘러나왔다.

"주님, 주님은 찬양받기에 합당하신 하나님이십니다!"

그리고 그다음 순간 나는 숙였던 허리를 다시 세우며 주님을 바라봤다. 그리고 고백했다.

"주님, 저는 앞으로 예배하고 찬양하며 선교하는 일에 제 인생을 걸 겠습니다. 주님이 내 주인이시니, 그 나머지는 주님이 책임져 주십시오."

그것이 나의 헌신의 고백이며, 주님이 주신 약속이었다.

얼마 전, 삶의 무게로 어려워하던 나에게 주님께선 또 말씀하셨다.
"30년 전 그때를 기억하니? 진호야!"
기도실에서의 사건을 말씀하시는 것이었다.
"네 주님 선명하게 기억합니다."

"그것이 너와 나의 언약이었다. 너는 내게 헌신하고, 예배하며, 찬양하면, 내가 너의 삶을 책임지는 것! 그것이 너와 나의 언약이었단다."

30년 전 그 기도실에서 주님은 나와, 나는 주님과 언약을 맺었다. 나는 여전히 그 언약 속에 살고 있다.

전도여행 I

　1995년 여름, 장마가 한창이던 월요일 새벽, 내가 속한 전도여행팀은 포항으로 내려가는 첫 버스를 타기 위해 버스터미널로 이동하고 있었다. 새벽부터 쏟아지는 장맛비를 헤치고 가는 길은 이 여행이 얼마나 힘난할지를 알려주는 신호인 듯했다.

　며칠 전에 있었던 전도학교에서만 해도 이렇게 팀과 합류하여 최종 목적지인 울릉도를 향하게 될 거라고는 예상하지 못했다. 가장 큰 문제는 재정이었다. 당시 우리 가정의 재정은 바닥인 상태였고, 전도여행비용인 7만 원뿐 아니라 전도학교 비용인 7만 원도 낼 수 있을지 모를 상황이었다. 결국, 전도학교 마지막 날, 함께 재정을 나누는 시간에 필요한 것들이 채워졌고, 그렇게 이 팀에 합류하게 된 것이었다.

　당시 7만 원은 결코 적은 돈이 아니었다. 그러나 일주일간 울릉도까지 가는 교통비, 숙박비, 식비, 기타 부대비용으로 쓰기엔 턱없이 부족한 액수였다. 이를 실감 하는 데는 오랜 시간이 걸리지 않았다. 첫 고속도로 휴게소에 정차한 그 시간, 그토록 들떠있던 우리에게 현실적인 문제가 들이닥쳤다. 아침부터 아무것도 먹지 못한 우리는 너무 배고팠고, 너무 지쳐 있었다. 그러나 돈이 없었다. 모두가 바쁘게 식사를 하고, 간식을 사는 휴게소에서 우리는 모두 고픈 배를 움켜잡아야 했다. 다시 오른 버스에서 난 속으로 하나님께 짜증을 부렸다.

"왜, 아무것도 안 주세요? 배고파 죽겠는데!" 그리고 주님께 되지도 않는 행패를 부렸다.

"주님, 주님께서 절 보내신 게 맞긴 한가요? 맞다면 지금 저 구름을 뚫고 해를 보여주세요."

한 줌의 틈도 없던 장마 구름에 갑자기 구멍이 나듯 공간이 생겼고, 그곳으로 정확히 내 얼굴에 해가 비쳤다. 그것도 두 번이나. 더는 아무 말도 할 수 없었다.

몇 시간 만에 포항에 도착하고 보니, 예상치 못했던 문제가 우리를 기다리고 있었다. 바로 날씨였다. 기상이 좋지 않아서 울릉도로 가는 배 운항이 중지된 것이었다. 갈 곳을 잃은 우리는 뭔가 결심을 해야 했다. 먼저 먹기로 했다. 부족한 예산이었지만 중국집으로 찾아가 자장면을 한 그릇씩 비웠다. 그런 다음 우리는 기도하기로 결정했다. 당장 갈 곳이 없었기 때문에, 길거리에 주저앉아 기도했다. 두 그룹으로 나누어 기도하던 우리에게 주님께선 어떤 생각과 그림을 보여주셨다. 한 그룹엔 해변으로 가라는 생각을 주셨고, 한 그룹엔 어떤 모양의 교회를 보여주셨다. 우리는 주신 마음대로 해변으로 향했고, 보여주신대로 교회를 만났다 그리고 그곳에서 묵어도 좋다는 허락을 받았다. 숙소는 해결되었지만, 여전히 우리는 먹을 것이 없었다. 숙소에서 한 자매가 말했다.
"아, 고기가 먹고 싶다."

그 순간, 갑자기 숙소의 문이 열리더니 담임목사님이 들어오셨다. 교단 후배(우리는 통합교단 신학교 학생들이었다)들이 찾아왔다며 반가워하시더니 근처 고깃집으로 데려가 식사를 대접해 주셨다.

둘째 날, 목사님께 인사를 드리고 나왔지만, 여전히 배는 뜨지 않았다. 갈 곳이 없던 우리는 또 길거리에 주저앉아 기도했다. 또 주님께서 말씀하셨다. 한 그룹엔 '너희가 아직 포항에 남아 위로할 일이 있다.'라고 하셨고, 또 한 그룹엔 '포항에 있는 대학과 관공서를 위해 기도해라.'라고 하셨다. 기도를 마치고 눈을 떠보니 어떤 아주머니가 우리를 쳐다보고 계셨다.

'저분에게 전도해야겠다.'라는 생각에 다가가 물어보니 교회를 다닌다고 하였다. 그리고는 어디서 온 대학생들이냐? 뭘 하러 온 것이냐? 물었다.
"네, 우리는 서울에서 전도하러 온 대학생들입니다." 하니,
"그럼 묵을 데는 있고?"하고 물어본다.
"아뇨, 저희는 하나님께서 인도 하는 대로 다니기로 결정한 사람들입니다." 했더니 자기 집으로 가지 않겠냐고 제안하였다.

그렇게 우리는 둘째 날을 그 아주머니의 집에서 묵고 대접받게 되었다. 낮 시간을 이용하여 관공서와 대학교를 찾아가서 전도하고 기도한 후 숙소로 돌아와 식사하면서 아주머니와 얘기를 나눴다. 이 분은

전에 교회에 다니다가 지금은 인간관계에 너무 깊은 상처를 입어서 신앙생활을 쉬고 있다고 했다. 식사 후 아주머니를 위해 기도해도 되겠냐고 묻고 허락을 받은 후, 그 아주머니를 위해서 팀 전체가 기도했다. 한참 뒤 기도를 마치고 나니 아주머니는 이제야 쌓였던 상처가 씻겨나가는 것 같다고 하신다.
"이제 다음 주부터 다시 교회에 가려고요."

그 얘기에 팀 모두가 아침에 주신 말씀을 떠올렸다.
"너희가 아직 포항에 위로할 일이 남았다."

전도여행 II

셋째 날, 드디어 배가 운항한다는 소식을 듣고 포항여객선터미널로 이동했지만, 또 예상하지 못한 문제가 생겼다. 우리가 생각하던 것보다 뱃삯이 두 배가 비싸다는 것이었다. 즉 울릉도에 들어가면 나올 뱃삯이 없었다.

 우리는 또 길거리에서 기도했다. 그리고 믿음으로 들어가기로 결정하였다. 3일 만에 울릉도 도동항에 도착했으나, 여전히 우리는 갈 곳이 없었다. 또 길거리에서 기도하기 시작했다. 한참을 기도하고 눈을 떠보니 어떤 아주머니가 우리를 쳐다보고 있었다. 그분이 다가오더니 묻는다.
"어디서 온 대학생들이우? 무슨 일을 하러 온 사람들이우? 묵을 데는 있고?" 그러더니 자기 교회에 가지 않겠냐 한다.

 교회 목사님의 허락으로 숙박이 해결되었다. 수요예배에 참석하여 특송과 간증을 하고 내려오니, 다시 한번 현실의 문제가 찾아왔다. 먹을 게 없었다. 포항에서 고기 얘기를 했던 자매가 또 말했다.

"아, 김치찌개에 밥 좀 먹었으면 좋겠다."

 그 순간, 숙소의 문이 열리더니 교회 집사님들이 식사하라며 김치찌개와 밥을 전해 주었다.

넷째 날, 목사님께 인사를 드리고 나온 우리는 다음 목적지를 정하기 위해서 바로 앞 초등학교 운동장에 둘러앉았다. 그리고 기도하는데, 주님께서는 우리에게 가장 높은 곳으로 올라가 기도할 것과 기도하고 내려오면서 만나는 교회에서 너희의 필요가 채워질 것이라는 말씀을 주셨다. 그리고 한 자매는 휠체어인지 장의자인지 모르겠는데 누워있는 한 여인을 보았고, 그 여인이 기도 중에 나아서 우리에게 헌금하는 그림을 보았다고 전해 주었다.

우리는 울릉도에서 가장 높은 곳이라는 성인봉으로 발걸음을 옮겼다. 성인봉까지 가는 길은 말 그대로 강행군이었다. 사람 하나가 지나갈 정도의 좁은 길을 19명의 젊은이들이 한 줄로 이동해야 했다. 이동 속도는 느렸고, 물도 먹을 것도 없이 산을 오른다는 것은 무척이나 위험하고 힘든 일이었다. 겨우 성인봉에 올라서 울릉도 전체를 바라보며 기도하고 내려오는데, 날이 저물어 버렸다.

팀원 중 한 사람이 챙겨온 랜턴을 들고 길 잘 찾는 방위 출신이라는 이유로 내가 행렬의 가장 앞에서 길을 이끌었다. 빛도 없는 산길을 밤에 내려온다는 것은 위험천만한 일이었다. 1km 정도를 겨우 내려오니 공터가 있었고, 결국 그닐 밤은 그 공터에서 노숙하게 되었다.

다섯째 날, 해가 뜨고 나서야 우리는 산에서 내려올 수 있었다. 몸은 지쳐 있었지만 서로 격려하면서 내려오는데, 누군가 고픈 배를 움켜

쥐며 말한다.
"아, 나는 빵 좀 실컷 먹었으면 좋겠다." 그러자 또 다른 사람이 말한다.
"나는 콜라, 나는 빵빠레, 나는 더위사냥, 나는 울릉도 왔으니까 오징어!"

끊임없이 터져 나오는 음식이름에 서로 깔깔대며 다시 출발장소인 초등학교에 도착할 수 있었다. 어디로 가야 할지 의논하다가 바로 앞에 보이는 교회를 찾아가 보기로 결정했다. 교회 목사님께서는 흔쾌히 허락해 주셨고, 저녁까지 대접해 주시면서 금요철야 찬양인도를 부탁하셨다. 찬양인도 준비를 해서 올라가 보니, 맨 앞자리에 어떤 여인이 누워있었다. 전날 어떤 그림을 보았던 자매가 깜짝 놀라며 말한다.
"내가 본 그분이야!"

기도회가 끝나고 난 후 목사님께 우리가 이분을 위해서 기도해도 될지 물어보니, 기쁨으로 그렇게 하자고 허락해 주셨다. 우리 팀은 그 여인을 둘러싸고 눈물로 기도하기 시작했다. 어떻게 시간이 지나갔는지도 모르겠다. 한참을 눈물로 기도하다가 갑자기 주님께서 주시는 음성이 들렸다.
"내가 이 아이의 내면을 치료했다."

눈을 떠보니 그녀가 눈물을 흘리며 고백하고 있었다.
"당신들을 보니 하나님이 살아계시네요."

그녀는 남편이 도박에 미쳐서 모든 재산을 가지고 육지로 도망간 충격에 쓰러지면서 전신이 마비되는 장애를 입었다. 친정어머니가 돌보고 있었지만, 시간이 지나면서 지친 친정어머니는 움직이지 못하는 딸에게 폭력을 쓰게 되었고, 결국 그녀는 세상에 대한 원망만 가득 차서 자기 방에 들어오는 모든 이들을 저주하고 욕하는 상황에까지 이르게 되었다고 한다. 우연히 그 집에 들렸다가 상황을 목격한 목사님이 그냥 놔둘 수가 없어서 교회로 데려와 돌본지 1년 정도가 되었다는 것이다. 그렇게 저주와 원망이 가득 차 있던 그녀가 처음으로 자신을 안아주고 기도하는 여러 명의 젊은이들을 보면서 눈물로 고백하게 된 것이다.

그렇게 기도의 시간이 끝나자 이 장면을 보고 있던 교회 성도들이 우리를 먹이고 싶다며 음식들을 사 오기 시작했다.

빵, 콜라, 빵빠레, 더위사냥, 오징어 등등.

모두 산에서 내려오며 우리가 말했던 음식들이었다. 너무 놀라서 그 음식들을 받아들고 먹고 있는데, 목사님께서 앞으로 나가서 성도 두 명을 앞으로 불러내셨다. '은혜받을 기회니 두 사람이 헌금하시라' 하는 것이었다. 한 성도가 말한다.

"그렇게 화투를 쳐도 돈을 못 따더니 오늘 처음 돈을 땄는데 여기 주라고 하시는 거네요."

두 사람의 헌금으로 우리의 부족한 재정이 채워졌다. 그러나 아직 우리에겐 5만원이 부족했다. 그때, 뒤에 앉아있던 사모님이 손을 번쩍 드셨다.

"제가 5만 원 헌금하겠습니다." 그리고 그날 밤 목사님이 우리를 부르시더니 5만 원이 든 봉투를 하나 더 주셨다.

마지막 날, 새벽 4시 배를 타고 드디어 울릉도를 빠져나와서 묵호라는 곳에 이르렀다. 서울 가는 버스비를 알아보니, 우리가 생각하던 것보다 정확히 5만 원이 더 비쌌다. 그렇게 나의 첫 전도여행이 끝났다.

집으로 돌아온 후에도 여러 가지 생각이 떠나지 않았다. 여전히 내 생활은 어려웠고, 재정은 궁핍했다. 당시의 상황으로는 새로운 비전을 꿈꾼다는 것은 상상하기 어려운 일이었다. 그런데 그날 저녁부터 새로운 삶에 대한 계획들이 계속 떠올랐다. 피곤함에도 잠들지 못하다가, 깊은 감동으로 눈물을 흘리며 주님께 고백했다.

"주님, 난 내 남은 평생을 전도여행의 삶으로 살겠습니다. 주님이 이끄시는 대로, 주님이 채우시는 대로, 그저 믿음으로 살아가겠습니다."

그렇게 내 인생의 전도여행이 시작되었다.

이 산지를 내게 주소서

1995년 여름, 예수전도단 전도학교의 주제 말씀은 여호수아 14장 12절 말씀이었다.
"이 산지를 내게 주소서!"

 전도학교가 끝나는 날, 우리 캠퍼스 담당 간사님이셨던 박대성 선교사님이 내게 이렇게 권유하셨다.
"진호 형제, 이 말씀으로 찬양을 만들어보면 어때?"

 나는 음악전공자가 아니었다. 교회에서 성가대를 하고, 찬양인도를 한 경험과 '예수 안에서'라는 찬양팀의 경험, 그리고 예수전도단에서 대학사역 찬양팀 발런티어로 섬긴 것이 내 인생 음악 경험의 전부였다. 그런 내게 작곡을 해보라는 요청은 낯설고 어려운 요청이었다.

 1995년은 여러 면에서 내 인생의 절정기였다. 집은 점점 어려워졌고, 심지어 아버지가 뺑소니 교통사고를 당하시며 1년 가까이 입원 치료 중이신 상황이었다. 그럼에도 하나님께서는 내가 예수전도단 대학사역 찬양팀에 들어가게 하셨고, 발런티어로 그 모임을 섬기며 예배의 기쁨을 누릴 수 있게 하셨다. 그러니, 작곡은 자신이 없었다.

 작곡을 의뢰받고 3개월이 지나고 있었으나, 곡은 만들어지지 않았다. 역시 내게는 무리라고 실망할 즈음, 내가 섬기던 교회 저녁예배에 한 필리핀 선교사님이 오셔서 선교보고를 하는 시간이 있었다. 선교보고를 듣고, 사역 내용을 듣고, 기도 제목을 듣는 내내 마음이 요동쳤다. 마치 그 땅이 내 눈 앞에 펼쳐진 듯하였고, 그곳에 계신 주님이 보이는 듯했다.

 집으로 돌아와 잠자리에 누워서도 그 뜨거운 마음이 줄어들지 않았다. 눈을 감으니 음표들이 떠다녔고, 가만히 있을 수 없었던 나는 일어나 악보를 그리기 시작했다. 20분 만에 악보가 완성되었다. 보통 악보를 그리는 데 한두 시간이 걸리던 내게 이건 기적과도 같은 일이었다. 그 악보에는 이런 고백이 담겨 있었다.

'주님이 주신 땅으로 한 걸음씩 나아갈 때에,
수많은 적들과 견고한 성이 나를 두렵게 하지만
주님을 신뢰함으로, 주님을 의지함으로,
주님이 주시는 담대함으로 큰소리 외치며 나아가네
이 산지를 내게 주소서 그날에 주께서 말씀하신
이제 내가 주님의 이름으로 그 땅을 취하리니'

 그 다음날 캠퍼스 모임에서의 특송을 시작으로 이 찬양은 예수전도단과 교회로 퍼져나갔다. 누가 의도하거나 계획한 것이 아니었다. 그렇게 '이 산지를 내게 주소서'라는 곡이 완성되었다.

 1997년 에티오피아, 아디스아바바가 내려다보이는 높은 곳에 올라서 함께 한 전도팀과 이 찬양을 부르며 기도하고 있는데, 주님이 내 마음 가운데 말씀하셨다.

"진호야, 내가 너에게 이 찬양을 준 이유를 기억해야 한다."
"네? 그것이 무엇입니까?"
"나는 네가 원하고 구하는 땅을 너에게 주기로 결정하였다. 나에게 구하면 내가 너에게 줄 것이다. 그것이 나와 너의 약속이다."

그때에서야 이 찬양의 고백이 나의 고백이 되었다.
'이 산지를 내게 주소서'

30여 년이 지나고, 울릉도에 함께 했던 후배 목사와 차를 나누고 있었다. 옛날 일을 얘기하다가 후배가 말한다.

"형, 형은 형이 꿈꾸던 대로 살고 있네요."

그렇구나. 나는 주님이 주신 꿈대로 지금도 살고 있구나.

그는 약속을 지키신다

"주님, 저는 앞으로 예배하고 찬양하며 선교하는 일에 제 인생을 걸겠습니다. 주님이 내 주인이시니 그 외의 것은 주님이 책임져 주십시오!"

그것은 주님과 내가 맺은 첫 번째 약속이었다. 이후 나는 내 삶의 중심을 예배하고 찬양하는 일에만 두고자 했다. 섬기던 찬양팀과 찬양하는 자리를 놓치지 않으려 최선을 다했고, 예수전도단 예배팀에 들어가 예배로 하나님을 섬기는 일에 우선순위를 두었다. 그것이 내가 주님께 드린 약속을 지키는 일이라 믿어 의심치 않았다.

주님도 그 약속을 잊지 않으셨다.

1996년 예수전도단에서 진행하는 대학생 DTS(예수제자훈련학교)를 받고 있었다. 당시 1학기 등록금을 내지 못하고 있었던 나는, 다음 날까지 등록금을 내지 못하면 재적처리 하겠다는 통보를 받았다. 필요한 금액은 60만 원이었다. 집에 도움을 청할 수도 없었다. 힘없이 DTS 공동숙소로 들어가는데, 게시판에 '홍진호 형제님께 드립니다.'라고 적혀있는 흰 봉투가 붙어 있었다. 열어보니 정확히 60만 원이 들어있었다. 나중에 그 봉투를 준 형제가 누군지 알게 되어, 그 이유를 물어보았다. 그냥 주님이 주라고 하셨단다.

이듬해부터 개척교회를 섬기기 시작했다. 그 해에도 여전히 등록금이 부족했다. 필요했던 재정은 118만 원이었고, 역시 학교에서 재적당할 수 있다는 통보를 받은 다음 날이었다. 새벽기도를 마치고 학교에 가려던 나에게 담임목사님이 전화하셨다. 잠시 사택에 들렀다가 학교에 가라는 것이다. 목사님 댁에 찾아가니 목사님께서 봉투를 내미셨다. 목사님은 몇 년 전 갑자기 쓰러지면서 뇌수술을 받았다. 기적적으로 회복되셨으나 아직 무리하실 수가 없어, 전도사인 내가 목회를 전담해서 돕고 있었다. 목사님은 마지막 재수술을 위해서 돈을 조금씩 모아놓고 있었는데, 그날 새벽기도 때 하나님께서 그 봉투를 나에게 주라고 하셨다는 것이었다. 얼마인지 모르지만, 전도사님이 필요한 곳에 사용하라고 하셨다. 봉투를 열어보니, 정확히 118만 원이 들어있었다.

그즈음, 내가 다니던 캠퍼스에 있던 예수전도단에서는 종종 선배들이 후배들 밥을 사주는 문화가 있었다. 주메뉴는 닭갈비였다. 돈이 없어 매번 받기만 했던 나는 어느 날 주님께 투정을 부렸다.
"주님, 저도 후배들에게 밥을 한번 사고 싶습니다. 돈을 주세요."
당시 밥 한번 사는 데 드는 비용은 10만 원 정도였다. 매일 교통비도 빠듯했던 터여서, 10만 원은 내게 제법 큰 돈이었다. 그런데 다음 날 학교 행정처에서 날 불렀다.
"이번에 행정오류로 학생이 등록금을 더 냈더라고요." 하면서 내게 10만 원을 돌려주었다. 난 그날 후배들에게 밥을 샀다.

하나님은 나와 하신 첫 약속을 기억하셨다. 차비가 떨어져서 서울의 한 지하철역 앞에서 고민하고 있을 때면, 한동안 보지 못하던 지인을 갑자기 만나게 하셔서 차비를 해결해 주셨다. 밥값이 떨어져 결식할 때면, 갑자기 또 다른 지인을 만나서 밥을 먹게 하셨다. 등록금이 부족할 때면, 전혀 예상치 못한 방법으로 문제를 해결해 주셨다. 집의 재정적 위기는 그대로였으나, 하나님은 말 그대로 날 굶기거나 곤란을 겪게 하신 적이 없었다.

하나님은 우리와의 약속을 지키시는 분이시다. 그의 약속은 정확하다.

난 여전히 그분과의 약속 안에 살고 있다.

나를 더 믿을 수 있겠니?

 2007년 여름은 찬양 사역으로 무척 분주한 때였다. 매일 전국 곳곳을 다니며 집회를 인도하던 어느 날, 부천에서 무주구천동까지 내려가서 3시간 동안 집회를 인도하고, 자정이 지나서야 귀갓길에 올랐다. 문득 사례비를 얼마나 받았는지가 궁금했다. 봉투를 열어보니 20만 원이 들어있었다. 갑자기 짜증이 났다.

 '아니 이 먼 곳까지 와서 3시간 집회를 인도했는데, 겨우 20만 원?'

 봉투를 조수석에 휙 던져놓고 운전을 이어갔다. 3시간 집회를 인도한 후 심야에 운전하는 일은 결코 쉽지 않았다. 깊은 어둠 속을 운전하다가 점점 몽롱해짐을 견디지 못해 휴게소에 들어갔다. 차를 세우고 조수석을 보니, 종이 쓰레기가 잔뜩 쌓여 있었다.

 '쓰레기나 버리고 가야겠다.' 생각하고는 종이를 한 아름 들어서 그대로 쓰레기통에 버렸다. 다시 한참을 운전하여 집에 도착한 후, 받은 사례비를 찾는데 보이지 않는다.
 '어? 어디 갔지?' 천천히 생각하다가 정신이 번쩍 들었다.
 '아! 종이 쓰레기!'

 휴게소에서 버린 종이 쓰레기 무더기에 그 봉투도 들려 나간 것이다. 사실을 알고 나니, 화가 나거니 눈물이 나는 것이 아니라 웃음이 터져 나왔다. 그리고 주님께 말했다.
"주님, 제가 은혜도 잊고 짜증 부린 걸 이렇게 깨닫게 하시네요. 주님 죄송해요."

이상하게도 돈이 아깝지 않았다. 다만 큰 깨달음을 얻었다는 생각이었다. 며칠 뒤 예배시간에 그 간증을 하며 웃었더니, 한 분이 내게 20만 원을 주었다.
"주님이 목사님께 드리라는 마음을 주시네요."

2013년 겨울이었다. 주님이 주신 마음을 따라서 아내와 함께 오직 믿음으로만 살기로 결정하고 선교사로 사는 삶을 준비하던 때였다. 고정 수익이 줄면서 우리 가정의 통장 잔액은 점점 줄기만 했다. 수요예배 찬양인도를 마치고 기도회를 진행하는데, 여전히 비어있는 통장이 생각나 주님께 또 투정을 부렸다.
"주님, 다음 주에 딸 유치원비 30만 원을 내야 하는데, 통장이 0원 입니다. 어떻게 해야 해요?"

한참을 우울한 마음으로 기도하는데, 주님이 말씀하셨다.
"진호야, 너는 언제쯤이면 날 온전히 믿을 수 있겠니? 내가 너의 필요한 재정의 10배를 보여 주련?"
'무슨 말씀이시지? 10배? 어디서?' 의문을 품고 있는 사이 기도회가 끝났다.

차에 올라타고 출발하려 하는데 통장 잔액을 확인하고 싶은 마음이 들었다. 그런데 통장에 300만원이 들어와 있었다.
'어? 뭐지?'

확인해보니 저작권협회에서 들어온 돈이었다. 그동안 한 번도 이렇게 많은 저작료가 들어온 적이 없었다. 기적이었다. 통장을 확인한 아내와 나는 한참을 펑펑 울었다. 그리고 며칠 동안 이 돈을 어떻게 사용할지 들뜬 마음으로 의논하였다. 여행을 갈까? 필요한 것을 살까?

주일이 되었다. 십일조 30만 원을 드리고 집으로 돌아왔다. 그날 저녁 잠자리에 들려 하는데, 갑자기 내 마음에 의문이 들었다.
'왜 주님은 10배를 주신다고 하지 않고, 10배를 보여주신다고 하셨지?'
다음 날 아침, 저작권협회에서 연락이 왔다.
"목사님, 너무 죄송해요. 제가 30만 원을 보내야 하는데 0을 하나 잘못 눌렀어요. 270만 원을 돌려주실 수 있나요?"

이미 십일조 30만 원을 했고, 다시 270만 원을 돌려주고 나니 통장은 다시 0원이 되었다. 텅 빈 통장을 보면서 아내와 나는 한참을 웃었다. 서로 말했다.
"하나님 정말 재미있는 분이시다. 어쩜 이렇게 정확하게 알려주실까."

이상하게도 서운한 마음도, 쓸쓸한 마음도 들지 않았다. 그냥 재미 있었다. 며칠 뒤 내 통장엔 누군가 보내준 300만 원이 들어있었다.

최근에 또다시 재정적인 위기가 찾아왔다. 이전에 겪었던 것보다 더한 재정의 위기 앞에 마음의 안정을 찾기가 쉽지 않았다. 올바르게 살아온 것인지 고민하는 내게 어둠의 참소가 들린다.
"네가 네 욕심대로 살면서 주님을 위해 산다고 거짓말한 거야. 너 때문에 네 가족까지 비참해 질 거야."

잠을 잘 수가 없었다. 고통이 내 마음을 찢었다. 밤새워 뒤척이다가 일어난 아침, 주님은 시편 97편 12절을 보라고 말씀하신다.
"바르게 사는 여러분, 여호와 안에서 기뻐하십시오. 그분의 거룩한 이름을 찬양하십시오." (쉬운성경)

주님이 말씀하신다.
"진호야, 나를 더 믿을 수 있겠니?"

그리고 며칠 후, 다음 날까지 260만 원이 필요했다. 통장은 비어있었다. 그런데 갑자기 잘 모르는 집사님에게 날 만나자는 연락이 왔다. 갈비찜과 함께 50만 원을 내게 주신다. 왜 주시냐 물으니 20년 전의 곡비를 주라고 하나님이 말씀하셨단다. 20년 전 실의에 빠져 있을 때, '이 산지를 내게 주소서'라는 내 노래에 은혜를 받고 힘을 얻어 살게 되었다고 말한다. 그러면서 이것이 그 곡비라고 말해준다. 감사했다.

그러나 여전히 내겐 210만 원이 부족하다. 다음날 아침이 되니 싱가포르에 사는 지인으로부터 연락이 왔다. 자기 교회 셀 리더 한 명이 내게 헌금하기를 원한다는 것이다. 감사를 전하고 받으니, 통장에 210만 원이 들어와 있었다.

 또 며칠 후에는 60만 원이 필요하였다. 여전히 통장은 비어 있었다. 그날 아침, 쿠팡 서비스센터에서 연락이 왔다. 며칠 전 1년 반가량을 쓰다가 고장이 나서 반품한 로봇청소기 때문이었다. 부품이 단종 되어서 전액 환불해 주겠다는 연락이었다. 전액환불? 1년 반을 썼는데? 통장엔 정확히 필요한 액수가 들어와 있었다.

 나는 여전히 첫 약속대로 주님을 예배하고 찬양하고 있다. 그리고 온전히 믿음으로 살고 있다. 지금도 주님은 첫 약속대로 날 돌보고 계신다. 그는 약속을 지키시는 하나님이시다.

내가 너를 위해 지었단다

1994년부터 1997년까지 난 '예수전도단'이라는 선교단체에 소속되어 있었다. '예수전도단'의 일원으로 함께 예배하는 기쁨을 배웠고, 서로를 격려하고 아껴주는 소중한 관계를 배웠다. 캠퍼스의 리더로, 찬양팀의 싱어로 여러 모임을 함께 하였다. 월요일이면 리더모임으로, 화요일엔 캠퍼스 중보기도모임으로 모였다. 목요일이 되면 캠퍼스 모임으로 함께 예배하였고, 금요일엔 서울에서 '서울대학사역' 모임으로 함께 예배했다. 95년부터는 서울대학사역 찬양팀으로 함께 하였다. 힘들 때는 같이 울고, 즐거울 땐 같이 웃어주던 예수전도단 선후배들이 있었다. 그들은 내게 형제와 자매가 되어 주었다. 그것이 너무나 소중했다. 그곳을 떠난다는 것은 생각조차 할 수 없었다.

1997년에 한동안 모든 모임에 나갈 수 없었던 때가 있었다. 전적으로 내 실수였다. 함께 약속한 규칙을 지키지 못했고, 그로 인해서 다른 사람들에게 상처를 주었다. 모든 모임에 나오지 않는 것으로 정해졌다는 말을 듣게 되었고, 순종하는 마음으로 따랐다. (나중에 알고 보니 리더모임의 의견이 잘못 전달된 것이었다) 매일 예수전도단과 함께 시간을 보냈던 내게, 갑자기 찾아온 혼자만의 시간은 버거웠다.

당시 우리 집은 가파른 산동네에 있었다. 반지하였던 방에는 낮에도 빛이 들어오지 않았다. 난 그 어두운 방에 홀로 앉아있었다. 지금 이 시간이면 서울대학사역 모임 찬양팀에서 예배하고 있어야 하는 시간

인데, 난 어두운 방에 홀로 있었다. 기나긴 침묵만이 방안에 가득했다.
'산위로 올라가자!'

 더는 그 어두운 방을 견딜 수가 없었다. 무작정 밖으로 나와서 산꼭대기로 올라갔다. 산동네에 사는 것은 불편한 일이었다. 매일 산 밑에 있는 버스정류장으로 내려가고 다시 가파른 언덕을 올라야 했다. 다닥다닥 붙어 있는 집들은 서로의 집으로 향하는 빛을 가로막았다. 그런 산동네에도 한 가지 좋은 점이 있었다. 산꼭대기에 오르면 인천 시내 전체가 보인다는 것이었다. 산꼭대기에 올라가서 그곳에 있는 계단에 주저앉았다. 시내의 화려한 야경이 눈에 들어왔다.
'아, 이렇게 아름다운 세상에서 난 혼자구나.'

 그때였다. 내 마음속에서 목소리가 들렸다. 주님이었다.
"진호야, 네 눈에 들어오는 모습이 아름답지 않니?"
"네, 그러네요."

 왜 그런 질문을 하시는지 알 수 없었다. '그런데 그게 나하고 무슨 상관이야?' 하고 혼자 반문했다.
"진호야, 내가 이 아름다운 세상을 널 위해서 만들었단다."
"네!?"

 잠시 아무 말도 할 수 없었다. '이게 무슨 소리지? 날 위해서?' 그가 내게 대답한다.

"내게는 이 세상의 어떤 것보다도 네가 소중하단다. 저 아름다워 보이는 불빛이 모두 꺼진다 해도, 난 너를 떠나지 않고 너와 함께 할 거야. 넌 혼자가 아니야. 내가 너와 함께 있단다."

그 후로 나는 '예수전도단'과 떨어져 독자적인 길을 걷기 시작했다. CCM 기획사에 들어갔고, 찬양 가수로 활동을 시작했다. 이전엔 여러 형제자매가 함께했었지만, 그때부터는 홀로 일하고 예배해야만 했다. 그러나 혼자가 아니었다. 주님이 늘 곁에 계셨다.

올해로 하나님을 찬양하는 삶을 산지 35년이 되었다. 여전히 난 목사로, 찬양 가수로, 예배인도자로, 순회선교사로 살고 있다. 한 교회나 단체의 소속원으로 활동하지 않기에 때로는 외로울 때가 있다. 코로나 시대 이전에 "넌 언제나 외로울 거야."라고 말씀하셨다. 그러나 난 외로울 때마다 20여 년 전 그 언덕 위의 주님을 떠올린다. 그분은 여전히 나와 함께 하신다. 지금도 내게 말씀하신다.
"넌 혼자가 아니야. 내가 너와 함께 있단다."

참 친절하신 주님. 참 친밀하신 주님. 당신이 계셔서 난 오늘도 행복합니다.

사랑 그리고 예배

 대학생 DTS(예수제자훈련학교)를 시작하던 무렵, 이천에서 개척을 준비하는 교회의 찬양인도자로 소개받은 적이 있었다. 준비모임에 참여하여 찬양을 인도하고, 그다음 주부터 예배 찬양인도를 시작하기로 하였다. 약속된 시간에 이천 버스터미널에 도착하여 전화하니 받지를 않는다. 의문이 들었지만, 약속은 약속이기에 낯선 곳에서 두 시간을 기다렸다. 결국, 소개해준 선배를 통하여 연락을 해보고 나서야 개척계획이 취소되었다는 소식을 듣게 되었다. 사과는 없었다.

 그때부터 나의 떠돌이 주일 생활이 시작되었다. 이전 교회에서 주일마다 너무 고생스러웠던 내게 주일의 여유는 그리 나쁘지 않았다. 전부터 생각했던 큰 교회 투어를 시작으로 주일 오후의 자유시간을 만끽했다. 그러나 그 즐거운 마음은 한 달을 넘기지 못했다. 어느 교회에 가도 낯선 이방인으로 산다는 것이 내 마음을 힘들게 했다. 주일 떠돌이 생활 한 달을 조금 넘긴 어느 날, 또 다른 교회를 향해 가는 지하철 안에서 마음이 무너져 내렸다. 갑자기 외로움이 몰려왔다. 내가 왜 소속 교회도 없이 이리 떠돌아야 하나 하는 고립감이 나를 짓눌렀다. 소리 없이 지하철에서 울고 있는데 주님이 말씀하셨다.
 "진호야, 그 때가 기억나니?"

 그 날 그 곳에서 주님은 오래전 짝사랑에 애타던 봄날의 대화를 떠올리게 해 주셨다.

난 주로 '금사빠'였다. 즉 '금세 사랑에 빠지는 사람'이었다. 복학한 해 봄에도 난 한 여학생을 짝사랑하고 있었다. 그 여학생에게 말도 하지 못하고 마음만 졸이고 있던 내게 주님이 물으셨다.
"진호야, 넌 사랑이 뭐라고 생각하니?"

그의 뜬금없는 질문에 난 뭐라 대답해야 할지 몰랐다.
"모르겠어요. 주님" 하며 고개를 숙이는 내게 그가 대답하였다.
"진호야, 사랑이란 사랑하는 이에게 자유를 주는 것이란다. 널 사랑할 수도 있고, 사랑하지 않을 수도 있는 자유 말이다."

"네, 기억납니다, 주님!"
그날 지하철 안에서 주님은 나에게 따뜻한 미소를 짓고 있었다.
"진호야, 나는 너를 사랑하기 때문에 너에게 자유를 주는 거란다. 나는 네가 의무나 법 때문에 예배하러 오는 자가 되기를 원하지 않는단다. 나는 네가 날 사랑하기 때문에 예배하는 자가 되기를 원한다. 그래서 네가 예배할 수도 있고, 안 할 수도 있는 자유를 너에게 주기로 했다. 지금이 바로 그 시간이란다."

어두운 지하를 달리는 지하철 구석 자리에서 나는 한참을 울었다. 그리고 내게 하신 주님의 말씀을 생각하고 생각했다.
'그렇구나. 예배는 그분을 사랑하는 거구나. 그리고 그에게 사랑받는 거구나.'

고개를 들어보니 어느새 지하철은 밝은 지상으로 나와 있었다. 난 그 날 주님과 사랑을 나누기 위해서 교회로 향했다. 그리고 지금 나는 매일을 주님과 사랑을 나누고 있다.

그것이 내가 살아있는 이유다. 그리고 살아가야 하는 이유다. 이 땅에 남아있는 시간 동안 그와 사랑을 나누고, 영원한 그 나라로 돌아가 그와 영원히 사랑할 것이다. 그것이 나의 비전(vision)이다.

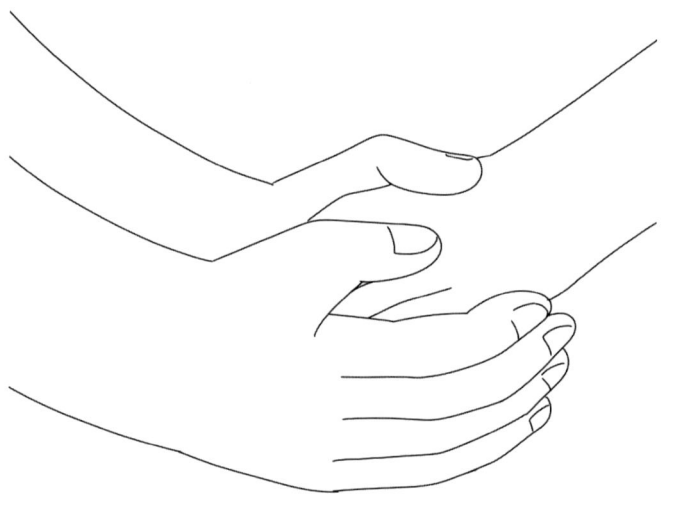

세 번째 시즌   부르심의 확인 / 건너와서 우리를 도우라

"내가 다시 천년이라는 시간을 기다려야 한다고 해도,

나는 다시 기다릴 수 있단다."

(본문 중에서)

| 돌아오라 이 땅이여

* QR을 찍으시면 노래를 들을 수 있습니다.

돌아오라 이 땅이여

1995년 1월, 내가 속했던 서울장신대 예수전도단에서 일본 전도여행을 준비하고 있었다. 어려운 재정상황에도 기도하면서 주신 마음을 따라서 결정하고, 바로 직전에 있었던 '예수전도단 예배학교'를 통해서 주님이 주시는 사랑의 마음을 확인하고, 이것이 주님의 뜻임을 확신하던 때였다.

그러나 예배학교가 끝나면서 곧바로 아버지가 교통사고를 당하는 바람에 가정에 위기가 찾아왔다. 당시 교회 목사님이 이럴 때 장남이 아버지 곁을 지켜야지 어딜 가느냐는 강한 설득에 못 이겨 일본전도여행을 포기하게 되었다. 약간의 후일담을 나누자면, 당시 병실로 찾아온 집사님이 '하나님이 말씀하셨다'면서 내게 전해달라고 어머니께 맡긴 돈이 있었고, 그것이 정확히 전도여행 비용과 일치했다는 것과 아버지 곁을 지켜야 한다는 목사님의 말과는 달리, 겨울방학 내내 교회 훈련과 봉사에 반강제적으로 동원될 수밖에 없었고, 병실은 결국 지키지 못했다는 것이다.

내게는 영적인 빚처럼 느껴지는 몇 나라가 있었다. 첫째는 내게 처음으로 은혜를 경험하게 해준 필리핀이었고, 둘째는 헌신을 약속했으나 지키지 못했던 에티오피아였다. 셋째는 바로 일본이었다. 그러나 이런 영적 부담감은 흘러가는 시간 앞에서 점점 약해지고 말았다.

그로부터 12년이 지난 2007년 가을, 내가 섬기던 보배로운 교회의 류철배 담임목사님께서 일본에 같이 가자고 제안하셨다. 당시만 해도 난 일본에 별 관심이 없었다. 한일 간의 역사적 관계에서 비롯된 막연한 적대감이 있을 뿐이었다. 그런데 교회에서 모든 비용을 지원해 주신다는 말에 고민 없이 일본행을 결정했다. 그렇게 난생 처음 방문한 일본 오사카에서 미쿠니 교회를 만나게 되었다. 늘 들었던 일본교회 이미지와는 전혀 다른 뜨거운 예배를 드리는 교회, 다정하면서도 주님에 대한 열정만큼은 다른 어느 나라 교인들보다 더했던 교회, 사람을 사랑으로 대할 줄 아는 교인과 목사님이 있는 교회, 미쿠니교회와의 만남은 내게 큰 감동으로 다가왔다. 나의 노래와 내가 '이 산지를 내게 주소서'의 작곡자라는 것에 감동을 받은 미쿠니교회 분들도 다음 기회에 또 함께 하기를 바랐다. 서로의 마음이 맞았던 우리는 이듬해 4월 찬양콘서트를 가지게 됐고, 이 때의 감동을 이어갈 다음 콘서트를 두 달 후로 기획하게 됐다. 그러나 6월이 되기 전 미쿠니교회로부터 뜻밖의 소식이 날아왔다. 교회 내부의 갈등으로 교회가 갈라서게 되었고, 이로 인해서 많은 교인이 상처 입게 됐다는 소식이었다. 그래서 예정된 콘서트를 취소해 달라는 요청을 받았다.

일본이 하나님이 주신 땅이라는 생각에 일본어 학원에 다니며 공부하고, 후원 콘서트를 통해서 비용을 마련하고, 밴드를 구성했던 내게 이 소식은 큰 실망으로 다가왔다. 그러나 그냥 주저앉아 있을 수는 없었다.

그 해 8월, 나는 아무 연락도 하지 않고 오사카를 방문했다. 어떻게 될지, 미쿠니교회 목사님과 연락이나 될지, 예배에 참석할 수 있을지 아무것도 모르는 상황이었지만 무작정 종이에 프린트한 지도 하나만 들고 찾아갔다. 어렵게 연락이 닿았고, 기억을 더듬어 예배당을 찾아가 주일예배에 참석했다. 실의에 빠져 있던 교인들은, 처음엔 의아해하고 경계하다가 나중엔 눈물을 흘리며 감사의 인사를 전했다. 난 이 교회를 도와야겠다는 생각이 들었다. 그래서 미쿠니 교회의 부목사인 류타로 목사님께 선포했다.

"난 11월에 다시 오사카에 올 겁니다. 그 때는 길거리에 나가서 예배하고 찬양하려고 해요. 미쿠니교회와 목사님이 함께 하시겠다면 정말 감사하고, 아니라면 혼자 하고 가겠습니다."

류타로 목사님이 같이 하겠다 약속하였다. 그렇게 미쿠니교회와의 동역이 시작되었다.

2009년 여름, 나와 밴드팀 그리고 미쿠니교회팀이 오사카 우메다 거리에서 거리찬양을 준비하고 있었다. 먹구름이 끼고 빗방울이 떨어지기 시작했다. 우리는 하늘을 바라보며 기도했다. 이윽고 찬양을 시작하자, 구름이 걷히고 날씨가 개기 시작했다. 밝은 해가 우리를 비추었다. 우리는 오사카 중심가에서 뜨겁게 주님을 증거하고 찬양하였다. 주님이 우리를 보고 웃으셨다. 우리도 주님을 바라보며 웃었다.

2007년 일본을 방문하고 맞은 첫 아침, 주님은 이른 시간 나를 깨워서 교회 주변을 산책하게 하셨다. 산책을 하며 일본 땅과 교회를 바라보는데, 주님이 말씀하셨다.

"진호야, 내가 이 땅을 얼마나 오랜 시간 기다려왔는지 아니? 내가 이들을 위하여 얼마나 많은 피를 흘렸는지 아니? 내가 다시 천년이라는 시간을 기다려야 한다고 해도, 나는 다시 기다릴 수 있단다. 이들이 내 사랑이고, 내 백성이기 때문이다."

 나는 돌아와 이 내용으로 찬양을 만들었다.

"너 하나만을 위해 내가 다시 십자가 져야 한 대도
나는 다시 십자가를 지고 골고다 길을 걸을 수 있어
돌아오라 이 땅이여, 나의 사랑, 나의 기쁨
내가 너를 사랑하여 내 품에 안아주리라"

건너와서 우리를 도우라

 2008년부터 시작된 미쿠니교회와의 동역을 통해서 미쿠니교회는 내 가족과 같은 동역자들이 되었다. 거의 매달 오사카를 방문하여 함께 예배하다보니 마치 오사카와 미쿠니교회가 나의 친정 같다는 생각이 들었다.

 2011년 3월에도 미쿠니교회와 함께 찬양콘서트를 계획했다. 콘서트가 있기 일주일 전, 집에서 쉬고 있는데, 장모님으로부터 다급한 전화가 왔다.

"자네 봤나? 얼른 텔레비전을 틀어보게."

 장모님의 말을 듣고 튼 TV뉴스에서 거대한 쓰나미에 초토화가 된 일본의 재난 상황이 보도되고 있었다. 얼른 오사카에 전화를 걸었다. 피해를 입은 동북부 지역과 오사카는 상당한 거리가 있었기에 아무런 피해가 없다는 소식을 들었다. 이럴 때 오히려 위로의 찬양을 해주러 오면 좋겠다는 이야기를 들었다. 그런데 문제는 다음날 교회에서부터 시작되었다. 담임목사님은 물론 만나는 사람마다 내가 이미 일본에 가있는 줄 알았다며 이번엔 절대로 가면 안 된다는 걱정의 말들을 쏟아내기 시작했다. 심지어 어떤 집사님은 '가면 오지 마라, 방사능 묻어온다'는 농담까지 전하였다. 출발하는 금요일까지 족히 200여명의 교인들에게 이런 말을 들었지만 정작 나 자신은 아무런 걱정이 되질 않았다.

 출발 전날인 목요일, 일본으로 갈 짐을 챙기고 있는데 모르는 번호로 전화가 왔다. 받아보니 함께 가기로 한 건반연주자 자매의 어머니였다. 그 자매와 10년이 넘게 사역을 했지만, 자매의 어머니에게 전화를 받기는 그 날이 처음이었다. 그 어머니는 이번엔 자기 딸이 안가면 안 되겠냐며 걱정의 마음을 전하였다. 이번에 딸이 일본을 가면 잠도 못 잘 것 같다는 이야기였다. 나도 딸을 키우는 아버지였기에, 그 어머니의 마음을 충분히 이해할 수 있었다. 곧바로 자매에게 전화를 걸어 이번엔 혼자 다녀 올 테니 걱정하지 말라고 하고 전화를 끊었다. 그런데 곧바로 마음에 두려움이 닥쳐왔다.

 의자에 앉아있던 나의 손발이 일어설 수 없을 정도로 크게 떨렸다. 계속해서 머릿속에 부정적인 생각이 떠올랐다. 비행기가 착륙하는 간사이공항에 쓰나미가 몰려오는 그림부터 시작하여 나중엔 폐허가 된 오사카 시내에 한 손엔 십자가 깃발을, 한 손엔 태극기를 흔들고 있는 내 모습이 선명한 그림처럼 떠올랐다. 두려움과 떨림이 멈추지 않았다. 그 때 주님이 내 마음에 말씀하셨다.

"진호야, 너는 내일 네가 그 땅에 들어가서 죽는다는 것을 알고도 들어갈 수 있겠니?"

다른 방에서 뱃속의 둘째와 함께 잠든 아내와 세 살짜리 딸을 생각하니 얼른 대답할 수가 없었다. 주님이 두 번째로 물어보셨다.

"진호야, 너에게 미쿠니 사람들은 어떤 의미니? 너에게 일본 사람들은 어떤 의미니? 너는 그들을 위해서 죽을 수 있겠니?"

여전히 대답이 나오지 않았다. 떨림이 멈추지 않았다. 주님이 세 번째 물으셨다.

"진호야, 너는 정말 내일 네가 그 땅에 들어가면 죽는다는 것을 알고도 들어갈 수 있겠니?"

갑자기 내 안에서 용기가 솟아났다. 떨림을 이겨내며 외쳤다.

"네, 주님, 주님이 원하시는 것이라면 제가 그 땅에 들어가 죽겠습니다. 주님이 원하시는 곳이라면 어디든지 들어가 죽겠습니다." 그 순간 떨림이 멈췄다.

짐을 모두 챙긴 다음 방으로 들어가서 자고 있는 아내와 딸을 바라봤다. 내일 내가 그 땅에 들어가면 이 두 사람을 더 이상 볼 수 없다는 생각이 들자, 갑자기 눈물이 쏟아졌다. 자고 있는 두 사람의 발목을 잡고 한참을 울었다. 그런데, 아무 반응이 없었다. 두 사람의 발을 흔들며 울었다. 역시 아무 반응이 없었다. 나도 포기하고 잠을 청하였다.

다음날 도착한 오사카는 평온했다. 주일이 되어서 미쿠니교회와 함께 예배하면서 '제가 이번엔 죽을 각오를 하고 왔습니다.'하고 말했더니, 모인 50여명의 교인들이 웃었다. 그래서 지난주에 있었던 일들을 모두 설명하고 모인 교인들에게 이렇게 말하였다.

"저는 여기에 계신 여러분이 일본 사람들을 위하여 죽기로 결정한 한국 사람이 있음을 잊지 않으셨으면 좋겠습니다."

그리고 '사명'이라는 찬양을 일본어로 부르기 시작했다.

"주님이 홀로 가신 그 길, 나도 따라가오. 모든 물과 피를 흘리신 그 길을 나도 가오.
험한 산도 나는 괜찮소. 바다 끝이라도 나는 괜찮소. 죽어가는 저들을 위해 나를 버리길 바라오."

갑자기 미쿠니교회의 담임목사님이 통곡하기 시작했다. 그리고 모여 있던 50여명의 일본 교인들이 통곡하기 시작했다. 나도 더 이상 찬양을 이어가지 못하고 그들과 함께 통곡했다. 그 때 알았다. '아, 주님이 날 부르시는구나.'

나는 선교사가 되기로 결심하였다. 그리고 지금 선교사로 살고 있다. 나는 선교사이다. 주님이 세우신 나는 선교사이다.

"밤에 환상이 바울에게 보이니 마게도냐 사람 하나가 서서 그에게 청하여 이르되 마게도냐로 건너와서 우리를 도우라 하거늘"(사도행전 16장 9절)

죽음을 넘어서서

 2015년부터 선교사의 삶을 살기로 결정했기에 2014년은 내게 교회 사역의 마지막 해였다. 내가 마지막으로 시무한 교회는 수원에 있는 보배로운 교회였다. 2006년부터 2014년까지 9년 동안 중등부를 담당했다. 중등부는 내게 절대 쉬운 부서가 아니었다. 사춘기가 시작되는 아이들이 들어와서 사춘기가 끝날 때쯤이면 고등부로 올라간다. 중등부는 언제나 예측불가의 아이들이 모여서 예배하는 부서였다. 처음엔 귓속말로 떠들던 녀석들이 2010년이 지나면서는 당당히 뒤돌아 떠들기 시작하였다. 아무리 가르치고 설득하여도 변하지 않는 시기가 중등부 때였다.

 2014년 1월, 우리 중등부는 고등부, 청년부와 연합하여 필리핀 바탕가스로 선교여행을 떠났다. 현지 청년들과 함께 진행하는 프로그램이었기 때문에, 찬양이나 설교는 대부분 영어로 진행되었다. 가뜩이나 찬양이나 설교에 집중하지 못하는 우리 아이들은 당연한 듯 예배시간에 숙면을 취하였다.

 선교여행 2일차, 선교여행팀은 빈민가를 방문하여 전도하고 차를 나누어 타고 숙소로 돌아오고 있었다. 나와 17명의 남자 아이들은 필리핀 교통수단인 지프니를 타고 고속도로로 이동하고 있었다. 나를 제외한 아이들이 피곤하여 잠이 들어 있었다. 그 때 우리가 탔던 지프니가 크게 흔들리며 쾅 소리와 함께 차바퀴가 앞으로 굴러가는 것이 보였다. 그리고 차가 중심을 잃더니 순식간에 전복되어 버렸다. 창문도 없는 지프니에서 17명의 아이들과 함께 엉키며 순간 정신을 잃었다. 정신을 차려보니, 나는 아이들에게 눌려 움직일 수 없었고, 다른 아이들이 한 명씩 차에서 기어나가는 소리가 들렸다. 큰소리로 조심해서 나가야 한다고 소리치는데, 마음 깊은 곳에서 주님을 향한 원망이 올라왔다. 예전에 사고의 경험이 있었기에 이 정도의 사고라면 모두가 무사하긴 어렵다는 것을 알 수 있었다. 난 마음속으로 주님께 말했다.

"왜 저를 살리셨어요? 또 저만."

누군가 죽고 나만 살아남는다는 게 어떤 고통인지를 아는 나에게 이 상황은 너무 두렵기만 했다. 모든 아이들이 나가는 것을 확인하고, 나도 차 밖으로 빠져 나왔다. 아이들이 고속도로 갓길 옆 잔디밭에 앉아 있었다. 그 때, 고등부의 한 아이가 소리쳤다.

"다 살았어? 아무도 안 죽은 거야? 아, 주님 감사합니다, 감사합니다."

그 소리에 정신을 차리고 아이들을 살펴보니, 한 명도 빠짐없이 모든 아이들이 잔디밭에 앉아 있었다. 다들 이리 저리 찰과상을 입었지만 크게 다친 아이가 없었다.

"아이고, 주님 감사합니다."

하고 안도의 한숨을 쉬고 있는데, 다른 아이가 큰소리로 날 불렀다. 중등부 아이 하나가 일어서질 못한다는 것이다. 다가가 살펴보니 머리가 부어 있었다. 할 수 있는 게 없었던 나는 아이들을 불러 모았다.

"우리 함께 기도하자!"

아이들은 울며 소리쳐 기도하기 시작했다. 모두가 자기 친구를 살려달라고 기도했다. 어떤 아이는 친구를 안 살려주면 가만있지 않겠다며 소리쳐 주님을 협박(?)하는 친구도 있었다.

경찰차와 구급차를 나눠 타고 응급실로 이동하여 치료를 받았다. 잠시 나와서 교회와 가족들에게 어떻게 알려야 할지 걱정을 하다가 다시 응급실로 들어갔다. 그런데 그 곳에선 이상한 일이 벌어지고 있었다. 이리 저리 다쳐서 반창고와 붕대를 하고 있는 우리 아이들이 응급실에 있는 현지인들에게 영어 전도지를 내밀며 복음을 전하고 있었다. 어떤 아이들은 움직일 수 없어서 누워있던 그 친구에게 다가가 눈물로 기도하고 있었다. 예배 때마다 졸고 딴 짓을 하던 그 녀석들이 누가 시키지도 않았는데 그 이상한 일을 하고 있었다.

응급치료가 끝난 아이들을 숙소로 돌려보내고, 움직이지 못하는 아이를 도심의 큰 병원으로 옮긴 후 중,고,청 세 부서의 목회자들이 이 아이를 위해서 기도했다. CT를 찍고 다시 응급실에서 대기하고 있는데, 아이가 화장실에 기겠다고 했다. 소변기를 가져다주니 직접 화장실을 가겠다고 고집했다. 그러더니, 이 녀석, 벌떡 일어나 걸어서 화장실을 가는 것이 아닌가?

중등부 목사인 나만 남아서 아이와 함께 하룻밤을 보낸 뒤, 다음 날 아침 숙소로 돌아갔다. 숙소엔 아무도 남아있지 않았다. 어딜 갔는지 물으니, 목사들은 오늘 하루 쉬자고 하는데 아이들이 자진하여 빈민촌으로 전도하러 가자고 했다는 것이었다. 그날 밤 예배 시간이 되자 하루 전의 아이들은 어딘가로 사라지고 새로운 아이들이 그곳에 앉아 있었다. 그렇게도 변화시키려 해도 변하지 않던 아이들이, 눈물을 흘리며 손을 번쩍 들고 찬양하고 있었다. 설교시간이면 깊은 숙면을 취하던 아이들이, 눈을 반짝이며 말씀을 듣고 있었다. 기도시간이 되자 아이들이 먼저 사고를 낸 운전자에게 다가가 괜찮다며 안아주었다. 누구도 시키지 않은 일이었다. 그렇게 나머지 선교여행 기간 내내, 이전의 아이들은 사라지고 새로운 아이들이 내 눈 앞에 있었다.

선교여행을 마치고 난 지난 시간들을 다시 돌아봤다. 9년간 그렇게 애를 써도 쉽사리 변하지 않던 아이들이 어떻게 그렇게 변할 수 있었을까? 누가 그 아이들을 변하게 하였는가? 이 선교여행은 1년 후 선교사의 삶을 시작하려는 내게 주시는 주님의 메시지처럼 다가왔다.

선교한다는 것은 무엇인가? 하나님의 일을 한다는 것은 무엇인가? 주님은 정말 나의 삶 속에서 실제적으로 일하시는가?

주님은 이 선교여행을 통해서 내게 대답하셨다. "그렇다."라고!

주님은 살아계시는 하나님이시다. 그는 이전에도 그랬고, 지금도 살아계시며, 영원히 살아계신 나의 하나님이다. 내게 '이 산지를 내게 주소서'라는 곡을 주시고, 갈렙을 묵상하게 한 이유가 바로 이것이었다. 갈렙은 누구보다도 주님이 실제적으로 일하시는 분임을 믿은 대표적인 사람이었다.

믿음으로 산다는 것은 무엇인가? 그것은 주님이 실제적으로 내 삶의 모든 부분에 간섭하시고 일하신다는 것을 인정하는 삶을 의미하는 것이다.

그 삶을 살아갈 때, 수많은 적들과 견고한 성이 나에게 두려움을 주지만, 그 두려움은 주님을 향한 신뢰를 무너뜨릴 수 없으며, 오히려 더욱 주님을 의지하도록 나를 이끌어 간다.

나는 두렵지 않다? 아니 두렵다. 그러나 주님을 향한 믿음이 모든 두려움을 앞선다. 그래서 난 여전히 믿음으로 살아갈 수 있다. 그것이 주님이 부르시고 내가 응답한 삶이다.

"주님을 신뢰함으로, 주님을 의지함으로, 주님이 주시는 담대함으로 큰소리 외치며 나아가네" 아멘, 나의 예수님, 나의 주님이시여!

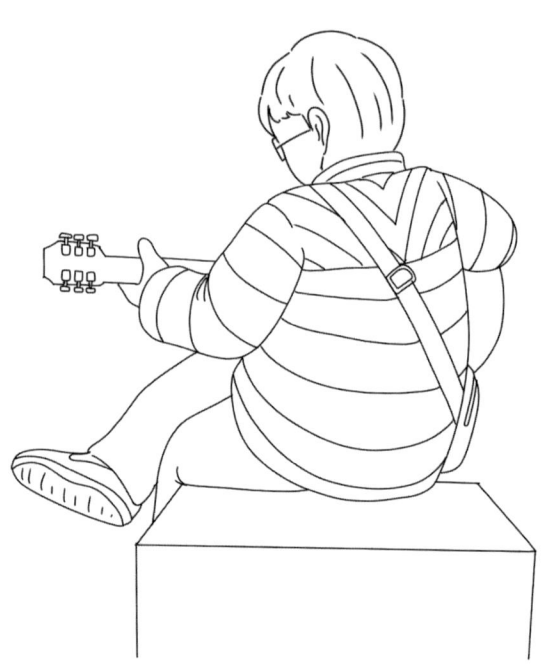

네 번째 시즌   그와 함께 걷다 / 주님은 말씀을 이루십니다

"나는 네가 어떤 큰일을 하지 않는다 해도,
네 평생에 어떤 업적을 남기지 않는다 해도,
네가 내 말에 순종하여 이 땅에 있다는 것 하나만으로
너의 큰 상급이라고 여긴단다."
(본문 중에서)

| 아버지 내겐 소원이 있어요

* QR을 찍으시면 노래를 들을 수 있습니다.

외로움 속에서 그를 만나다

선교사로서 첫 부르심을 받은 것은 1993년 말이었다. 첫 선교여행 후 주신 감동과 나의 고백, 그리고 주님의 응답을 통해서 첫 부르심이 이루어졌다. 2년 뒤인 95년에는 예배인도자인 동시에 선교사로서 사는 것을 꿈꾸게 되었다. 그리고 주님은 '이 산지를 내게 주소서'라는 곡을 주셨다. 마치 나의 꿈에 대한 응답처럼.

그 후 10여 년 동안 찬양가수로서 전문성을 익히고, 목회자로서 교회를 배우고, 인생이 무엇인지를 배웠다. 2008년부터는 일본교회와의 연합을 통하여 순회선교사, 즉 돌아다니는 선교사로서의 삶을 배웠다. 2011년 일본 쓰나미 사건을 통해서는 내 삶을 온전히 드리길 원하시는 주님의 마음을 알게 됐다. 그리고 첫 부르심으로부터 22년이 지난 2015년, 순회선교사로서의 삶을 걷게 되었다.

'처음'이라는 말은 언제나 설렘과 동시에 막연한 두려움이 따른다. 2015년을 시작하는 내가 그랬다. 한 번도 가보지 않은 길, 따라갈 모델이 없는 길을 걷는다는 것은 설레면서도 두려운 것이었다. 감사하게도 처음 몇 주는 일본에 찾아오는 선교팀과 함께 바쁘게 지내느라, 다른 생각을 할 여유가 없었다. 그리고 일본에서 처음으로 '혼자만의' 시간이 찾아왔다.

친구인 류타로 목사님이 작은 집을 내 주었다. 오사카 어느 전철역 근

처의 작은 다다미방이었다. 그 곳에서 혼자 3주의 시간을 보냈다. 일본은 여행으로 가는 것과 사는 것이 너무나 다른 나라다. 여행자로서 만나는 일본은 신비롭고 흥미로운 나라일지 모른다. 그러나 삶으로 만나는 일본은 너무 조용하고 외롭게 느껴지는 나라였다. 주일 외에는 만날 사람도 없었고, 할 일도 없었다. 아침에 일어나 말씀을 읽고, 기도를 마친 후 집을 나서서 종일 오사카 시내를 걸으며 기도하는 것이 나의 일이었다. 그래도 선교하러 왔는데 집에만 있을 수는 없다는 생각에 걷고 또 걸었다. 교통비를 아끼기 위해 하루에 15~20km를 걸었다. 그렇게 3주의 시간이 금세 흘렀다.

3주차에 접어든 어느 날, 평상시와 같이 20km를 걸으며 일본선교를 위하여 기도하고 돌아오던 길이었다. 동네 라멘 집에서 라멘 한 그릇을 사먹고, 남은 며칠을 보낼 식량을 구입했다. 집으로 돌아와 씻고 나니 출출함이 느껴졌다. 라면을 끓여 먹었다. 사온 간식을 먹었다. 잠이 오지 않았다. 다시 라면을 끓여 먹었다. 사온 간식을 먹었다. 뭔가 허전한 마음에 같은 행동을 밤새 반복했다. 전날 사온 며칠분의 식량을 밤새 먹어치우고 아침을 맞이했다. 갑자기 내 스스로가 비참하게 느껴졌다.

'내가 지금 여기서 뭐하고 있는 거지? 이 작은 방에서, 가족도 놔두고, 내가 뭐 하는 거지?'

외로움이 몰려왔다. 너저분하게 어질러진 지난밤의 흔적들이 처량해 보였다. 통곡이 터져 나왔다.

'주님, 제가 여기서 지금 뭐하고 있는 거예요?'

한참을 울고 나니 마음이 진정되었다. 한숨이 나왔다. 그때였다. 주님이 말씀하셨다.

'진호야, 나는 네가 어떤 큰일을 하지 않는다 해도, 네 평생에 어떤 업적을 남기지 않는다 해도, 네가 내 말에 순종하여 이 땅에 있다는 것 하나만으로 너의 큰 상급이라고 여긴단다.'

여전히 난 작은 다다미방에 앉아 있었다. 여전히 내 앞엔 전날 밤의 흔적들이 놓여 있었다. 그러나 그 곳에 그가 있었다. 이것이 내가 부름 받은 삶이었다. 사람들이 알아주지 않는 삶일지라도, 언제나 그 외로움을 뚫고 그가 찾아온다.

모든 사람은 결국 혼자일 수밖에 없다. 큰 공동체에 속해 있다 하더라도, 여러 친구와 지인이 있다 하더라도, 결국 우리는 단독자로서 그분 앞에 서야 한다. 그 깊은 고독 속에서 나는 그를 만난다. 아니, 그가 날 찾아온다. 그래서 그를 사랑할 수밖에 없다. 그를 위해서 살 수밖에 없다. 그것이 내가 걷는 '믿음으로 사는 삶'이다.

God will make a way (하나님이 길을 만드신다)

 2015년 2월, 나는 발리에 있었다. 한인선교대회의 찬양인도를 맡아 처음으로 밟아본 인도네시아였다. 그 곳에서 한 태국 선교사님을 만나게 되었다. 대화를 나누다보니 나와 놀라운 인연이 있는 분이었음을 알게 됐다.

 2014년 인천아시안게임 당시, 나의 아버지는 선수단을 이동시키는 차량운행 봉사를 하고 계셨다. 그 때 담당했던 팀이 태국 배드민턴 선수들이었는데, 통역으로 따라온 사람은 한국 국적의 여자 청년이었다. 차 안에서 시간을 같이 보내다 보니 같은 믿는 자임을 확인했고, 반가웠던 아버지는 내 아들이 찬양사역자이고, '이 산지를 내게 주소서'라는 곡의 작곡자라고 소개했다. 그러자 이 청년이 깜짝 놀라며 자기 부친이 태국 선교사이고, 개척한 교회에서 많이 부르는 곡이 이 찬양이라고 했다. 덕분에 기분이 좋으셨던 아버지가 내 CD를 선물하며 식사까지 대접했던 일이 있었다.

 발리 한인선교대회에서 만난 태국 선교사님이 바로 통역을 하였던 그 청년의 아버지였다. 뜻밖의 인연에 기뻐하며, 그 해 12월에 있을 태국선교사대회에서도 찬양인도를 하기로 약속했다.

 선교대회가 끝날 무렵, 내가 아는 선교사님이 인도네시아에 계신 것이 생각나 전화를 드렸다. 인도네시아에 온 김에 한번 만나자고 했더니, 너무 좋다며 오라 했다. 그래서 인도네시아에 간 김에, 그 선교사님의 선교지를 방문했다. 비행기로만 4시간, 대기시간 포함 10시간을 이동했다. 난 인도네시아가 그렇게 큰 나라라는 걸 미처 몰랐다.

그렇게 발리와는 정반대 북쪽에 있는 니아스섬에 방문했다. 그 곳은 이슬람교가 주를 이루는 인도네시아에서 몇 안 되는 기독교 지역이었다. 선교사님이 사는 지역에서도 다시 프로펠러 여객기를 타고 2시간을 가야 하는 먼 곳에 한국교회가 세운 신학교가 있었다. 뜨거운 적도의 태양이 내려쬐는 곳이었기에, 낮 온도는 40도가 넘었다. 그러나 신학교 내부엔 에어컨이 없었다. 양철지붕에 쏟아지는 뜨거운 태양의 열기를 그대로 느껴야 하는 신학교에서 두 시간씩 하루 세 번의 강의와 집회를 가졌다. 총 3일간의 부흥회였다.

두 달 후인 5월, 난 다시 니아스에 있었다. 선교사님과 학생들의 요청으로 일주일간의 예배학교를 진행하기 위해서였다. 적도의 열기가 무색할 정도로 행복한 시간이었다.

그 해 8월, 난 또 니아스에 있었다. 여수에서 온 교회의 선교여행에 동참하여 같이 일하고 강의하는 시간을 가졌다.

그리고 2월 발리에서의 약속대로 12월에는 태국 방콕을 방문하였다. 그 곳에서 또 다른 선교사님을 만났다. 그 교회에서의 찬양과 간증에 감동을 받았는지, 선교사님은 자신들이 하는 영성수련회에 함께 하지 않겠냐고 나를 초청하였다.

 엘리야 집회! 매해 4번 열리는 이 집회는 한국의 70-80년대 영적 부흥회와 같은 태국인 수련회였다. 매번 태국 전역에서 200여명이 넘는 태국 교인들이 모여서 뜨겁게 찬양하고 기도했다. 그리고 그 곳에서 난 소중한 영적 동지들을 만났다.

 태국 엘리야집회에서의 만남으로 싱가포르를 방문하게 되었다. 그리고 그 곳에서 만난 목사님의 요청으로 작은 교회를 돕는 일을 시작하였고, 싱가포르 한인연합 청소년 수련회 찬양을 인도하게 되었다.

 그 무렵, 몽골에서 연락이 왔다. '이 산지를 내게 주소서'라는 곡을 몽골 찬송가에 싣고 싶다는 내용이었다. 흔쾌히 허락하고 나니, 찬송가 기념예배에 참석해서 특송을 해달라는 요청을 받았다. 그렇게 몽골을 다녀왔다.

 태국 엘리야집회에서 만난 시드니에 사시는 목사님의 초청으로 시드니를 방문하여 집회를 인도했다. 또 그곳에서 만난 사람들의 요청으로 그들의 집을 방문하여 함께 찬양하고 예배했다.

 태국에서 만난 분들을 통하여 필리핀을 방문하여 찬양하고, 인도네시아의 다른 지역을 방문하여 찬양하는 일들이 계속되었다.

그렇게 하나님께서 이어주신 만남들을 통하여 2015년부터 2020년 2월까지 총 20만 마일을 비행하였다. 대부분 자비량으로 이루어진 일이었다.

어떻게 그렇게 살 수 있었을까? 지금 생각해도 이해가 가지 않는 시간들이었다. 내가 계획하거나 의도한 삶이 아니었다. 하나님께서 어떤 곳으로 인도하시고, 그 곳에서 또 누군가를 만나고, 또 다른 곳으로 인도하시고, 또 누군가를 만나고. 이어지고 이어지는 관계가 모여 하나의 길이 되었다. 그 길은 주님이 만드신 것이었다. 내가 존경했던 찬양인도자인 돈 모엔의 'God will make a way'의 가사가 생각났다.

God will make a way
하나님은 길을 만드십니다
Where there seems to be no way
아무것도 보이지 않는 곳에서도
He works in ways we cannot see
그는 우리가 알 수 없는 방식으로 일하십니다
He will make a way for me
그는 나를 위해서 길을 만드십니다

지금까지 그가 나를 위해서 길을 만들었다. 내 삶을 본 사람들이 이것을 인정했다. 그러나 지금은 그 길이 보이지 않는다. 그럼에도 난 소망하고 기대한다. 지금 내 눈에 보이지 않을지라도 여전히 그가 나를 위해서 길을 만들고 계심을. 아멘.

너의 우직함을 사랑한다

 몇 주간의 해외 순회 사역을 마치고 집으로 돌아왔다. 짧은 휴식시간을 보내고 작은 교회를 섬기고 돌아오는 주일 오후의 차 안이었다. 후배들의 찬양을 들으며 오다보니, 그들의 아름다운 음색과 화려한 편곡이 귀에 들어왔다.

'와, 대단하다. 어쩜 이렇게 잘하지.'

 음악을 전공하지 않은 내게, 너무나 멋진 편곡과 연주와 노래를 담은 그들의 찬양은 그저 부럽게만 다가왔다.

'난 이런 멋진 음악을 하긴 어렵겠지.'

 그러다 문득 하나님께서 왜 나를 쓰시는지 의문이 들었다. 세상엔 이렇게 인재가 많은데, 음악이라고는 잘 알지도 못하는 나를 왜 쓰실까? 그래서 주님께 물었다.

'주님, 왜 날 사용하세요? 이렇게 뛰어난 사람들이 많은데요.'

 국민학교(지금의 초등학교) 시절이었다. 친구들과 얼음땡 놀이를 하다가 얼음을 한 나를 친구들이 놀리느라, 땡을 안 해주고 모두 집으로 가버렸다. 그냥 나도 집으로 가면 되는데, 아무도 땡을 해주지 않아서 울며 그 자리에 서있었다. 퇴근하시던 선생님이 깜짝 놀라며 뭐 하는 거냐고 물으셨다. 아무도 땡을 해주지 않아서 서 있다고 했더니, 박장대소 하시며 대신 땡을 해 주셨다. 그 선생님 덕분에 집에 갈 수 있었다.

 항상 그런 식이었다. 내 기준에서 이렇게 해야 한다고 생각하는 것들이나, 일반적으로 지켜야 한다고 생각하는 것들은 그냥 넘어가지를 못했다.

 중학교 3학년 때부터 교회에 다니기 시작하면서 믿음이 빨리 자란 이유도 바로 그런 이유에서라고 생각한다. 하나님을 믿기로 했으니, 이 정도는 해야 한다. 그런 생각이었다. 중3이면 가지 않아도 된다고 하는 수련회를 담임선생님께 졸라서 참석하고, 고등학생은 굳이 하지 않아도 된다고 어른들이 만류해도 매주 금요일 철야예배에 참석했다.

 첫 사역을 했던 교회(전도사가 되기 전이었다)에서 믿는 자는 반드시 일해야 한다는 목사님의 뜻을 따라야 한다고 생각해서 정말 열심히 일했다. 쇠말뚝을 박으라면 박았고, 뽑으라면 뽑았고, 방학 때 새벽 4시부터 밤 12시까지 제자훈련을 받으라고 하면 그대로 순종했다. 그래야 한다고 믿었다.

 마지막으로 섬겼던 수원의 보배로운 교회에 부임해서도 굳이 평일 예배는 참여하지 않아도 된다는 목사님과 교인들의 만류에도 (우선 전임이 아니었고, 집이 인천이었기 때문에) 그냥 참석해야 되는 줄 알고 수요예배와 금요예배에 참석했다.

 아픔을 겪었던 오사카의 교회에 대해서도 그랬다. 아무도 찾아가지 않던 때에 그저 이 교회를 도와야겠다는 생각에, 매달 자비량으로 일본을 오갔다. 그래서 함께 예배하고, 거리에서 찬양했다.

 난 참 융통성 없고 고지식한 사람이었다.

"주님, 왜 날 사용하세요? 이렇게 뛰어난 사람들이 많은데요."

 주님은 간단하게 대답하셨다.

"진호야, 나는 너의 우직함을 사랑한다."

 난 참 융통성 없고 고지식하며 우직한 사람이다. 그래서 하나밖에 할 줄 모른다. 그가 내 하나님이시니, 그가 내게 말씀하시고 알게 하신 이 삶을 걸어가는 것 난 그것 하나밖에 할 줄 모른다. 그런데 그걸 사랑하신단다. 우리 주님이.

"참 재미있는 분이세요, 주님. 그런데 그런 당신이 난 좋습니다. 사랑스럽습니다. 그러니 어쩌겠어요. 계속 우직하게 당신이 가라는 이 길을 가야죠. 당신은 참 사랑스러운 나의 주님이십니다!"

사랑스러운 성령님

나와 친한 사람들만 아는 비밀이 있다. 내가 상당한 수다쟁이라는 것이다. 한 번 입이 터지면 말을 멈추지 않는다. 이런 내 모습을 발견한 사람들은 신기한 표정으로 바라보곤 한다. 결혼하고 얼마 되지 않아서 아내의 퇴근을 돕기 위해서 회사 앞으로 찾아갔다. 대기하고 있던 차에 아내가 타자마자 내 입이 터졌다. 집으로 가는 차 안에서 쉬지 않고 말하는 나를 아내가 신기한 듯 쳐다보며 말한다.

"여보, 지금 누구하고 말하는 거예요?"

난 우리 주님과도 이렇게 수다를 떤다. 길을 걸으며 주님과 수다를 떤다. 혼자 밥을 먹다가도 주님과 수다를 떤다. 때로는 잠자리에 누웠다가도 주님과 수다를 떨 때가 있다. 오늘 있었던 일을 말한다. 속상했던 일, 기뻤던 일, 고민되는 일을 그 분에게 말한다. 한참을 주님께 떠들다 보면 어느 새 나를 토닥이시는 그 분의 손길을 느낀다. 내게 주님은 참 좋은 친구가 되어 주신다.

2017년 7월 싱가포르에서도 주님과의 수다는 계속되었다. 그 날은 여러 가지로 속상한 하루였다. 주일에 찬양할 교회 목사님과의 미팅을 마치고 습하고 무더운 싱가포르의 거리를 걷고 있었다.

'내가 지금 여기서 뭘 하고 있는 거지?'

몇 년째 자비량으로 선교지를 다니며 작은 교회와 선교지를 도왔지만, 뒤돌아서면 아무것도 남지 않는 것 같은 허무함이 찾아왔다.

"주님, 내가 이 더운 나라에서 왜 이렇게 돌아다니고 있나요?" 그가 대답한다.

"내가 너를 리더가 아닌 헬퍼로 불렀다는 말 기억하니?" 아, 맞다. 그렇게 말씀하셨지. 그가 또 말씀하신다.

"넌 섬기는 자란다. 교회된 사람들을 예배로, 찬양으로 섬기도록 널 불렀단다. 너 진짜 잘하고 있어. 힘내자. 진호야."

아내에게 전화를 해서 조금 전에 주님과 나눈 대화를 이야기 했다. 아내가 웃으면서 말한다.

"여보, 무슨 연인끼리 말하는 거 같아요."
"응? 그런가?"

갑자기 우리 주님이 사랑스럽다는 생각이 들었다.

숙소인 친구 집으로 돌아와 샤워를 하는데, '성령님이 참 사랑스럽다'는 생각이 떠나질 않았다. 떨어지는 물줄기를 맨 몸으로 맞으며 새노래를 흥얼거리기 시작했다.

"사랑스러운 성령님, 사랑스러운 성령님,
사랑스러운 성령님, 사랑스러운 성령님,
성령님 친절하시고 친밀하신 분,
지금 이곳에 오셔서 나와 교제하시네.
성령님 친절하시고 친밀하신 분,
지금 이곳에 오셔서 나와 교제하시네.
성령님 초청합니다, 성령님 환영합니다,
성령님 지금 오셔서, 나와 함께 해 주세요.
성령님은 나의 참 기쁨이 되시고, 나의 완전한 안식이 되어 주시네."

샤워를 마치고 나와 보니 친구와 일행들이 엎드려서 울며 기도하고 있다.

'어? 무슨 일이지?'라고 생각하고 있는데 친구인 목사가 물었다.

"아니 목사님, 샤워실에서 뭐 했어요?" 어리둥절한 내가 대답했다.

"그냥 찬양했는데요."

참 친절하시고 친밀하신 성령님, 초청하고 환영한다고 찬양했더니 함께 한 사람들에게 찾아오셨나보다. 참 재미있는 성령님, 덕분에 그 하루가 '오늘도 감사한 하루'가 되었었네요. 오늘도 오셔서 함께 해 주세요. 그러실꺼죠?

 | **사랑스러운 성령님**

* QR을 찍으시면 노래를 들을 수 있습니다.

예배의 문을 여는 자

　2017년 1월, 나는 태국에서 열리는 엘리야 집회에 참여하고 있었다. 엘리야 집회란 태국 북부 지역에서 태국교인 200여 명이 함께 모여서 진행하는 3박 4일의 영성 집회를 말한다. 마치 1980~90년대의 선교단 모임을 보는 듯한 집회였다. 나는 집회 전 찬양팀 연습만 돕고, 본 집회 찬양은 모두 현지 찬양팀이 맡아서 진행하였다. 집회 이틀째 아침, 다들 식사를 하러 가는데 나는 혼자 예배하고 싶었다. 혼자 강단에 올라가서 기타를 메고 예배하기 시작했다. 식사를 마친 사람들이 함께 찬양하기 시작하였고, 어느 새 예배당은 찬양의 감격으로 가득해졌다. 예배를 하다 보니 집회 시작 시간이 되었다. 그러나 찬양을 끊을 수 없었다. 기도 담당자와 예배팀이 자연스럽게 올라왔고, 그대로 찬양이 이어졌다. 모든 이가 주님의 임재를 깊이 느끼며 찬양하고 있을 때, 예배당 한 구석에서 귀신들림으로 고생하던 한 사람이 벌떡 일어나 자신이 해방되었음을 선포하였다. 또 다른 한 쪽에서는 다리가 불편하여 의자에만 앉아 있던 사람이 벌떡 일어나 다리가 나았음을 선포하였다. 누가 기도한 것도, 축사(귀신을 쫓아내는 행위)를 한 것도 아니었다. 찬양 가운데 자연스럽게 이루어진 일이었다. 말씀이 이어지고, 기도가 이어지면서 어느새 오전 집회는 놀라운 기적의 자리가 되었다.

　오전 집회를 마치고 난 후, 성령님께서 내 마음에 말씀하였다.

"진호야, 너는 예배의 문을 여는 자가 될 것이다."

'예배의 문을 여는 자?'

그 의미를 아는 데는 오랜 시간이 걸리지 않았다. 이후 주님은 내가 가서 예배하는 곳마다 예배의 문을 여셨다. 찬양의 감격을 잃어버린 사람들이 그 감격을 회복했고, 무미건조하게 예배하던 사람들이 열정적인 예배자로 변하기 시작했다. 나의 찬양은 막혀있던 담을 무너뜨리는 능력을 얻게 되었다.

난 또 착각했다. 난 위대한 사람이 되려나 보다. 유명한 사람이 되려나 보다. 이제부터 엄청난 일이 시작되려나 보다. 그러나 내 기대와는 달리 아무 일도 일어나지 않았다. 내가 가는 곳마다 예배의 감격이 회복되는 일이 일어났지만, 그 감격의 공치사와 영광은 내 몫이 아니었다. 난 말 그대로 '문을 여는 자'로 쓰임 받게 되었다.

시간이 지난 후 주님은 또 말씀하였다.

"진호야, 넌 많이 외로울 거야. 수많은 사람들이 너를 만나고 감격하고 즐거워하겠지만, 내 곁에 남는 사람들은 얼마 없을 거야. 너의 일은 그들이 나에게 나오도록 문을 열어주는 것이란다."

그 이후로 많은 이들과 예배하고 주 안에서의 교제를 나누었다. 그러나 때가 되면 그들은 모두 자신의 자리로 돌아갔다. 그로 인해 난 외로워야 했다. 그래서 난 모든 제자들이 떠나가고 홀로 외롭게 십자가를 지신 예수님을 생각할 수 있었다.

"그렇죠? 나만 외로운 게 아니었죠? 주님도 외로우셨군요."

지금도 난 때때로 외롭다.
그러나 그가 아신다.
그래서 나는 만족한다.
그가 나와 함께 걷고 계시니까.

하늘의 문을 여는 예배

 2017년 태국에서의 예배 경험 이후, 내 안에 계속 맴도는 말이 있었다.

"하늘의 문을 여는 예배!"

 예배는 우리 주 예수님을 만나는 것이다. 우리 주 예수님은 하늘 보좌 우편에 앉아 계신다. 그러니 우리가 예배한다는 것은 그분이 계신 하늘과 연결되어지는 것이다. 뭐 대충 이런 내용이 계속 머릿속을 맴돌았다. 그렇다고 당장 특별한 변화가 생긴 것은 아니었다.

 얼마 지나지 않아 광주에서 연속적으로 집회를 할 때였다. 한 교회에서 찬양을 인도하다가 나도 모르게 깊은 감격이 내 온 몸을 감싸는 것을 깨닫게 되었다. 그리고 천장을 쳐다보는데 천장이 사라지고 높은 하늘이 보이는 경험을 하게 되었다. 그 하늘로부터 주 예수님이 예배의 자리로 내려오고 계셨다. 그리고 우리 예배하는 무리를 기뻐하며 바라보고 계셨다.

"아 정말 예배할 때 하늘이 열리는구나!"

무아지경 가운데 혼자만 보고 경험하였기에 누구도 알 수 없었지만, 그것이 내게는 예배 중에 하늘이 열리는 첫 번째 경험이었다.

그리고 얼마 후 다른 개척교회에서 예배할 때였다. 찬양 인도를 마치고 강단에서 내려와 말씀을 전하는 친구 목사를 바라보고 있는데, 그 친구 옆에 누군가가 서 있는 것이 보였다. 예수님이었다. 난 그저 '예수님이 참 키가 크시네.'하고 생각하고 있는데, 어디선가 잡음이 들리기 시작했다. 얼마 지나지 않아 그 잡음은 노래가 되었다.

"영광 중의 주님, 영광 중에 계신 주님, 그 영광이 이곳에 가득하도다"

단음이었던 노래는 어느 새 화음이 되었고, 다시 4음부의 합창이 되었다. 그리고 완전한 오케스트라의 연주가 들렸다. 나는 술 취한 사람처럼 몸을 가누지 못하다가 눈을 감았다. 환상 가운데 벽과 천장이 사라지고 파란 하늘이 펼쳐졌다. 수많은 천군천사들이 예수님의 주위를 돌면서 이 노래를 부르고 있었다.

하늘이 열리는 예배!

주님은 특별한 경험을 통해서 이것이 실제적일 수 있음을 알려 주셨다. 예배는 하늘을 여는 것이다. 예배는 주님이 우리와 실제적으로 함께 하시는 것이다. 예배는 삶이다. 예배하는 삶은 실제적으로 주님이 함께 하시는 삶이다.

예배함을 통해서 우리는 지금 있는 그 곳에서 천국을 경험할 수 있다. 예수님이 임재하시는 그 곳이 바로 천국이기 때문이다. 내가 있는 물리적인 장소가 중요한 것이 아니다. 주님이 그 곳에 함께 하시면 그 장소가 천국이 되는 것, 바로 그것이 하늘이 열리는 예배의 실제이다.

2017년 싱가포르 사역을 마치고 귀국하는 길이었다. 공항버스를 타고 밀렸던 드라마나 보면서 가자는 마음으로 스마트폰을 들었는데, 주님께서 예배하라는 마음을 주셨다. 찬양하는 영상을 열고 그 찬양을 들으며 예배했다. 찬양의 가사 중에 '하늘 문이 열리고'라는 가사가 나오는데 갑자기 성령의 감동이 나를 가득 채웠다. 공항버스 뒷자리엔 외국인 손님들이 타고 있었다. 그러나 마치 그들과 내가 다른 장소에 있는 듯 했다. 내가 앉아 있는 그 자리만 주님의 임재가 있는 천국이 되었다. 난 몸을 가누지 못한 채 계속해서 예배했다.

예배는 주님이 계시는 천국을 소망하는 것이다. 예배한다는 것은 내가 있는 바로 그 곳에 주님이 계시는 천국을 실현하는 것이다. 그 때, 닫혔던 하늘이 열리고 주 예수님이 오신다. 그리고 예배하는 자들은 우리 주 예수님을 맞이한다.

나에게 예배는 그런 의미가 되었다. 주님을 찬양하고 그의 이름을 높이며 그를 초청할 때, 주님이 그의 하늘을 가지고 내게 오시는 것. 난 천국의 소망을 가지고 주님을 예배한다.

하늘이 열리는 예배! 실제로 주님을 만나는 예배! 주님은 우리를 그런 예배 가운데로 부르신다.

주님은 말씀을 이루십니다

 1993년 12월, 3주간의 필리핀 선교여행을 마치고 돌아온 나는 쉽게 잠들 수가 없었다. 첫 해외여행이면서 첫 선교여행이었던 3주간의 감격스러운 경험이 여전히 마음을 요동치게 했다. 결국 다시 일어나 무릎을 꿇고 기도하기 시작했다. 기도하는 중 어떤 그림이 보였다. 지난 3주간 방문했던 필리핀과 비슷해 보이는 나라에 한 허름한 티셔츠를 입은 청년이 기타가방을 메고 걷고 있었다. 얼굴은 보이지 않았지만 누군지 알 수 있었다. 그 청년은 바로 나였다. 그 때 주님이 말씀하셨다.

"진호야, 너는 열방을 찬양으로 섬기는 사역자가 될 것이다."

주님은 그렇게 나를 열방을 예배로 섬기는 순회선교사로 부르셨다.

2015년 1월, 나는 그 부르심에 응답했다. 모든 교회사역을 내려놓고, 주님이 부르시는 땅을 다니는 선교사의 길을 시작한 것이다. 그 부르심의 첫 땅은 일본이었다.

2008년부터 시작된 오사카 미쿠니 교회와의 만남을 통해서 선교사의 삶을 다짐하게 되었다. 한데 막상 본격적으로 순회 선교사의 삶을 시작하고 보니, 주님의 부르심은 일본에만 국한되어 있지 않다는 걸 깨닫게 되었다.

2015년 1월 일본사역을 마치고 2월 인도네시아 발리에서 열린 선교사 대회에 참여했다. 이것을 계기로 인도네시아 북부에 있는 니아스 섬을 방문하여 신학교에서 3일간 집회를 인도했다. 그리고 다시 5월에 방문하여 같은 신학교 부흥회를 인도했다. 같은 해 8월에는 여수에 있는 교회 선교여행에 동참하여 신학교 부흥회와 시골교회 부흥회를 인도하였다.

 여수에서 온 교인들과 함께 일하며 시간을 보낼 때였다. 한 청년이 사진을 찍어주겠다고 포즈를 취하라고 했다. 재미있게 설정하여 사진을 찍어보자며 기타 가방을 멘 뒷모습을 찍어달라고 부탁했다. 서로 장난치며 대충 사진을 확인해 봤다. 한데 왠지 그 사진이 낯설지 않았다. 숙소로 돌아와서 다시 그 사진을 들여다보았다.

'어디서 봤더라?'

 갑자기 22년 전의 환상이 떠올랐다. 기타가방을 메고 낯선 땅을 걷고 있던 청년의 모습, 사진 속에 그 청년이 서 있었다. 22년 전 주님의 말씀이 기억났다.

"너는 열방을 찬양으로 섬기는 사역자가 될 것이다."

 22년 전 그 분이 이렇게 말씀하셨을 때, 난 금방이라도 대단한 일이 일어날 것이라고 기대했다. 그런데 기대했던 대단한 일은 일어나지 않고, 기대하지 않았던 대단한 일들이 내 삶을 가득 채웠다. 선교사의 삶과 멀어지기만 하는 내 삶이었지만, 그래도 주님이 말씀하신 것이 이루어지리라는 기대만큼은 놓을 수가 없었다.

 이제는 내려놓아야 하나보다 라고 여길 즈음에 주님은 일본을 만나게 하시고, 그 나라를 통하여 다시금 선교사로서의 다짐을 하게 하셨다. 그 다짐을 위해서 내가 가진 모든 것을 내려놓아야 하는 결단이 필요함을 알게 되었다. 그렇게 모든 것을 내려놓는다는 다짐으로 시작한 2015년, 난 다시 22년 전의 그 청년을 만날 수 있었다.

 처음엔 그 꿈의 주체가 나라고 생각했다. 나에게 주신 것이니 내가 이루어야 한다고 생각했다. 그러나 주님은 모든 것을 내려놓게 했다. 그리고 때가 되어 주님이 말씀하신 것은 주님이 이루신다는 것을 보여줬다.

 난 그때서야 22년 전의 환상 속에서 봤던 청년이 왜 묵묵히 앞을 향해서 걷고 있었는지 알 수 있었다. 그것이 말씀을 받은 사람이 할 수 있는 유일한 일이었던 것이다. 앞에서 이끄는 주님만을 바라보고 묵묵히 걸어가는 것.

 22년 전 환상 속에서 보았던 그 청년은 여전히 그 길을 걷고 있었다.

다섯 번째 시즌   더욱 그를 배우다 / 인생은 범람하는 강과 같다

"네 길을 여호와께 맡기라 그를 의지하면

그가 이루시고"

시편 37편 5절

 | 인생은 범람하는 강과 같다

* QR을 찍으시면 노래를 들을 수 있습니다.

어두운 밤길에도 그가 있었다

코로나의 시대가 몰려왔다. 2015년부터 6년간 숨 가쁘게 세계 여러 곳을 자비량으로 다니던 나의 일상이 갑자기 멈추어 버리는 때가 찾아왔다. 잠깐이면 풀릴 것이라 기대했던 봉쇄는 1년이 지나도 여전했다. 여러 나라에서 나와 교제하던 영적 친구들의 어려운 소식이 계속 들려왔다. 그 동안 '주님이 날 돌보신다.'라는 자신감에 충만해 있던 나는 절망했다.

6년 동안 국내외를 다니며 행했던 자비량 선교는 많은 빚을 남겼다. 그 전까지는 들어오는 후원금으로 어느 정도 감당이 되었지만, 코로나가 터지면서 모든 후원과 찬양 수익금이 반 이하로 줄면서 6년의 빚을 감당할 방법이 없었다. 1년이 지나면서 내 안에 모든 자신감이 사라지고, 삶과 빚의 무게만이 나를 짓눌렀다.

어떻게 해야 하는 것일까? 마음이 답답하고 생각이 막히니 주님 말씀도 제대로 들리지 않았다. 그러다가 내가 인정하는 기도하는 두 분에게 동일한 이야기를 들었다.

"땅을 밟고 살아라. 일하는 것을 두려워 말아라."

지나온 인생 속에서 내가 확신하고 정한 법칙이 있었다. 바로 내가 신뢰하는 영적인 사람 두 명 이상이 동일한 말을 하면, 주님이 말씀하시는 것으로 받아들인다는 것이다. 난 그것이 주께서 나에게 하신 말씀이라는 확신이 들었다. 그래서 더욱 두려웠다. 50세가 될 때까지 교회에서 하는 일과 찬양사역에 대한 일 외에는 거의 아무것도 할 줄 모르는 내가 뭘 할 수 있을까? 집으로 돌아오는 차 안에서 내 몸과 마음은 내내 떨렸다. 그래도 생각나는 친구에게 전화하여 그가 하는 일을 나도 할 수 있는지 물어보고 신청을 부탁했다. '대리운전'이었다. 승인이 나기까지 며칠을 기다려야 했고, 집으로 들어선 나는 앉지도 서지도 못하고 떨고 있었다. 그냥 있을 수 없어서 차로 다시 내려왔다. 배달 어플을 깔고 즉시 배달을 시작했다. 승인이 나길 기다리는 며칠 동안 그 일을 계속했다. 그거라도 해야 정신을 붙잡을 수 있을 것 같았다.

 주일예배를 마치고 집으로 돌아와서도 배달을 했다. 7시간의 배달을 마치고 집으로 돌아오니 내일부터 일하면 된다는 내용으로 대리운전 사무실에서 연락이 왔다. 화장실로 들어갔다. 거울을 쳐다보며 한없이 울었다.

"주님, 난 이 일은 정말 하기 싫어요."

한참을 울고 나와서 아내를 마주했다. 또 눈물이 난다.

"여보, 난 정말 이 일 하기 싫어요."

다음 날 저녁, 어떻게 일을 잡는지, 이떻게 일하는지도 모르면서 무작정 술집 근처로 나갔다. 생애 첫 콜이 뜬다. 첫 대리운전 기사 일을 했다. 첫 날 4건의 대리운전. 난 무척 놀랐다.

'내가 이렇게 이 일을 잘하는구나.'

누가 가르쳐주지 않았는데도, 내 입에서 '사장님'이라는 말이 자연스레 흘러나왔다. 처음으로 남의 차를 운전하니 조심했을 뿐인데, 조심운전을 해주어 고맙다는 인사를 몇 번씩 받았다.

그 다음 날부터 이상한 일이 자꾸만 생겼다. 가톨릭 교인이라고 자기들을 소개한 부부를 태워다주며 이야기를 나누는데 자꾸만 내게 원래 뭐하시던 분이냐고 질문한다. 처음엔 '음악하던 사람이다. 유튜버다.'하고 둘러댔지만 집요하게 원래 직업이 뭐냐고 캐 묻는다. 조금 짜증이 난 목소리로 대답했다.

"목사입니다. 목사."

두 부부가 박수를 치며 좋아한다. "어쩐지"하며 목사님이 자기차를 운전해 주니 너무 영광이라고 말해준다. 내리면서는 기도를 부탁한다.

다음 날 회사 기숙사로 한 청년을 태워주게 되었다. 여러 이야기를 나누다가 이 청년이 또 묻는다. 원래 뭐하시는 분이냐고. 이리 저리 둘러

대다가 목사라고 하니,

"목사님은 사역하시면 사람들이 좋아하겠어요. 청년들이 많이 모일 것 같아요."라고 말한다.

"아, 교회 다니세요?"하니 아니라고 대답한다. 목적지에 도착하고 청년은 직접 택시 어플을 켜서 내가 집에까지 갈 수 있도록 택시를 호출해 주었다.

 다음 날은 회사 회식을 마친 중년남자를 태우게 되었다. 뒷좌석에서 자신의 아버지와 전화통화를 하고 난 남자는 어두운 표정으로 눈물짓는다. 이유를 물어보니 아버지가 암 판정을 받으셔서 정밀검사를 앞두고 있는데, 너무 마음이 안 좋고 힘들다는 것이었다. 목사인 내가 뭐라 말할 수 있겠는가? 힘내시라고, 괜찮을 거라고 위로해 주었다. 그러자 이 남자가 묻는다. 뭐하시는 분이냐고. 목사라고 했더니 갑자기 나의 손을 잡으며 운다.

"목사님, 왜 목사님 같은 분이 여기서 이런 일을 하고 계십니까? 전 교회 장로예요."하며 계속 운다. 집에 도착하자 내리기 전 자신과 아버지를 위해서 기도해 달라고 말한다. 난 간절한 마음으로 그의 머리에 손을 얹고 기도해 주었다.

 어두운 밤길을 낯선 사람과 함께 다니면서 난 주님을 느꼈다. 그 어두운 밤 길가에도 주님이 계셨다. 여전히 내겐 새로운 방식이 낯설고 두렵게 느껴진다. 과연 내가 이 길을 갈 수 있을지, 감당할 수 있을지 두렵다. 그럼에도 불구하고 난 확신한다. 어떤 낯선 길에도 나의 주님이 나와 함께 하심으로 이끌어 주신다는 것을.

 그래, 어둡다고 두려워하지 말자. 내 눈에 보이지 않는다 할지라도 나의 주님이 저기 계시지 않는가? 손을 흔들며 저 앞에 계신 주님께 걸어가자. 이렇게 큰소리로 인사하면서.

 "안녕하세요, 주님. 저 왔어요."

주 너의 하나님이

 대리기사 일에 어느 정도 익숙해지면서, 낮에는 차를 배달하는 탁송 일을 감당하게 되었다. 시간이 지나면서 좋은 경험보다 낯설고 힘든 경험이 더 많아지는 것 같았다.

 어느 날 가져갈 차의 사진을 찍고 있는데, 차 주인이 중학생으로 보이는 자기 아들을 세워두고 큰소리로 말했다.

"저 아저씨 힘들게 일하는 거 보이지? 너도 공부 안하면 저렇게 힘들게 사는 거야."

'아무리 봐도 공부는 내가 더 한 것 같은데...'

 속으로만 되뇌며 속상함을 뒤로 한 채 일을 마쳤다. 대리점의 어린 직원이 하는 욕을 그대로 들어야 하는 때도 있었고, 기사는 밖에서 기다리라며 내쫓는 대리점 직원 때문에 비를 맞으며 거리에 서있던 적도 있었다. 오죽하면 이야기를 듣고 있던 아내는 자기만의 '살생부'를 기록하기도 했다. 언젠가는 찾아가서 욕 한번 해주고 싶다며.

 콜(기사들이 일을 잡는 것)을 놓치지 않기 위해서 뜨거운 여름밤 2km가 넘는 거리를 15분 만에 달려가기도 하였고, 40도를 육박하는 무더위에 에어컨이 안 나오는 소형 트럭을 몰고 대전에서 서울까지 간

적도 있었다. 경매장에서 받은 냉동트럭을 가지고 고속도로를 달리다가 타이어가 터지는 아찔한 순간도 있었다.

뜨거운 여름이 지나고 가을이 되었다. 낮이면 탁송으로, 밤이면 대리로 나날을 보내던 내게 위기의 시간이 찾아왔다. 일단은 일이 줄었고, 그나마 맡은 일들도 손해를 보기 시작했다. 차를 배달해 주고 돌아오는 길에 다짜고짜 전화를 하여 차바퀴에 못이 박혔으니 40만원을 물어내라 한다. 탁송비 3만원을 받고 일했는데 40만원을 물어주게 된 것이다. 평택에서 인천까지 차를 가져다주니, 바퀴에 흙이 묻었다고 다시 가져가라고 하는 사람도 있었다. 부산까지 가져다 준 차에 모래가 튄 자국이 있다면서 30만원을 물어내라는 사람도 있었다. 죽어라 한 달을 일했는데, 오히려 100만원이 넘는 손해를 보았다. 밤마다 속상한 마음을 안고 들어와 눕다 보니, 어느새 우울증이 찾아왔다.

언제부턴가 잠이 오지 않았다. 밤마다 어둠 속에서 내게 조롱하는 소리가 들렸다.

"네가 하나님 일을 했다고? 네가 하나님 말씀 하시는 대로 살았다고? 웃기지마라. 넌 네가 좋은 대로 산거야. 네 맘대로 산거라고. 넌 실패했어. 넌 아무것도 못해 낸 거야. 그냥 죽어. 죽어야 돼."

아침에 일어나 찬양하는 영상을 찍어서 유튜브에 올리면 곧바로 일을 시작한다. 그리고 자정 가까운 시간까지 일을 하고 집으로 돌아온다. 밤에 잠을 자려 하면 이 조롱의 소리에 잠을 설친다. 무슨 정신으로 살고 있는지, 무슨 힘으로 살고 있는지도 모른 채 일주일의 시간이 흘러갔다.

그 날도 밤을 새우고 아침에 일어나 찬양을 준비했다. 갑자기 성령님께서 내 마음에 감동으로 말씀하신다.

"오늘은 악보 없이 찬양해 보겠니?"

나는 악보 없이 기타를 손에 쥐었다. 그저 감동이 오는 대로 기타를 치기 시작했다. 내 입에서 새로운 찬양의 고백이 흘러나오기 시작했다.

'주 너의 하나님이 널 변함없이 사랑하셔서
네 삶 속에 변하지 않는 계획을 가지고 계시단다.
그가 이루시리 그가 이루시리 너의 삶에 가지신 계획을
너는 가만히 있어 믿음으로 주를 바라고
그의 행하심을 보라
그가 이루시리라 그가 이루시리라'

찬양이 끝나고 주님이 마음 가운데 말씀하신다.

"진호야, 지금 네가 하는 일로 너의 문제가 단 하나도 해결되지 않을 거야. 너는 오직 나를 예배하는 자가 되렴. 나는 네가 매일 예배하는 삶을 살았으면 좋겠어."

그 다음 주에 대전에서 친구 목사들과 만남을 가졌다. 그런데 이 두 친구가 만나자마자 약속이나 한 듯이 내게 말했다.

"진호야, 나는 네가 이 일을 그만하면 좋겠어. 그냥 매일 예배하는 사람이 되면 좋겠어."

내가 땅의 일을 시작한 것은 믿음의 사람들의 권고 때문이었다. 난 그것이 주님의 말씀임을 믿었다. 그리고 그 일의 끝도 이러했다. 믿음의 사람들을 통한 권고였다. 그것이 주님의 말씀이었다.

난 주님을 믿는다. 그 믿음은 주님이 나의 필요를 채움에 대한 것이 아니다. 그가 나를 예배의 일을 감당하는 사람으로 불렀다는 것이다. 주님은 나를 '예배하는 자, 찬양하는 자, 다른 이들로 하여금 예배하고 찬양하게 하는 인도자'로 부르셨다는 것이다. 그것이 내 믿음이다.

그러네. 그것이었네.

한동안 그가 내게 무엇을 주실 것인지에만 관심이 있었다. 뭘 받아야만 은혜라는 착각에 빠져 있었다. 내게 진정한 은혜는 그가 내게 무엇을 준다는 것에 대한 것이 아니라, 그가 나를 부르셨다는 것이었다.

그가 여전히 나를 향한 계획이 있다 하신다. 그 계획이 변하지 않았다 하신다.

난 여전히 예배하는 자이며, 예배하게 하는 자이다. 이것이 나의 부르심이며, 내 삶의 이유다. 그렇죠? 주님!

오늘도, 난 여전히 은혜 가운데 살고 있다.

새로운 시즌　　현재진행형

"의인이여 너희는 여호와로 말미암아 기뻐하며
그의 거룩한 이름에 감사할지어다"

시편 97편 12절

| 주 너의 하나님이

* QR을 찍으시면 노래를 들을 수 있습니다.

바르게 살아온 너에게

"쾅 쾅 쾅. 엄마, 아빠가 아무 대답을 안 해"

 우리 집 막내가 당황한 목소리로 화장실 문을 두드리고 있다. 화장실에 들어갔다가 갑자기 숨이 쉬어지지 않던 나는 바닥에 주저앉아 아무 대답도 할 수가 없었다. 아들을 진정시킨 아내가 조용히 화장실 앞으로 다가와 말한다.

"여보, 내가 들어갈까요?" 잠시만 기다려달라는 말을 힘겹게 내뱉었다. 겨우 몸을 추스르고 나와서 가족들을 안심시켰다. 그리고 밤새 어둠의 저주에 시달렸다.

"너 때문이다. 네가 네 욕심대로 살아서 이제 망하게 된 거다. 너 때문에 네 자식들까지 모두 망하게 생겼다. 모두 너 때문이다. 모두 너 때문!"

 다시 숨이 쉬어지지 않는다. 거실로 나와 창밖을 보니, 뛰어내리고 싶은 충동이 인다. 난 정말 엉망으로 살았나? 진짜 잘못 산걸까? 거실에 주저앉아 새벽을 맞았다. 소란스럽던 마음도, 어둠속의 저주도 조용해 질 무렵, 성령님께서 말씀하신다.

"시편 97편 12절을 보렴."

내가 자주 보는 '쉬운성경'을 펼쳤다.

"바르게 사는 여러분, 여호와 안에서 기뻐하십시오. 그 분의 거룩한 이름을 찬양하십시오."

'바르게 사는 여러분' 이라는 구절이 마음에 들어왔다. 마치 성령님이 말씀하시는 듯 했다.

"넌 바르게 살아왔어."라고.

또 성령님이 마음에 감동을 준다.

"시편 91편 1절을 보렴."

"가장 높으신 분의 보호를 받으면서 사는 너는, 전능하신 분의 그늘 아래 머무를 것이다."(새번역)

계속해서 마음에 감동을 준다.

"시편 28편 7절을 보렴."

"여호와는 나의 힘이시며 방패이십니다. 내가 마음을 다해 주님을 믿

으니 주님께서 나를 도와주십니다. 내 마음이 기뻐 찬양하며 주님께 감사의 노래를 부릅니다."(쉬운성경)

낮에 싱가포르에서 온 친구 목사가 만나자고 연락했다. 오랜만에 가족 같은 친구들과 만나서 함께 드라이브도 하고 차도 마시면서 이야기를 나눴다. 11월에 들어서면서 힘들어진 사정과 괴로운 마음을 나눴다. 역시 내가 잘못 살아왔나 하는 자괴감이 가장 힘들다고 토로했다. 그러다보니 또 주책맞게 눈물이 흐른다. 말없이 나를 응시하던 친구가 나에게 말한다.

"목사님, 절대 그렇지 않아요. 목사님이 왜 잘못 살았어요? 목사님처럼 하나님 앞에 바르게 살려고 노력한 사람이 어디 있어요? 내가 봤어요. 지난 몇 년간 목사님이 다니는 그 길을 내가 보았고, 사역하는 모습을 보았어요. 얼마나 헌신했는지도 알고 있어요. 목사님, 만약 나중에 심판대 앞에서 목사님의 선함을 증명해야 할 사람이 필요하면 내가 내 목숨을 걸고 하나님 앞에서 목사님의 선함과 그 삶을 증거 할 거예요. 목사님은 그런 사람이에요."

그 곳에 있던 믿음의 동역자들과 함께 기도하며 한참을 울었다. 나도 울고 너도 울고 모든 이가 울었다. 갑자기 2015년 일본의 한 다다미방에서 주님이 하셨던 말씀이 떠올랐다.

"네가 어떤 업적을 남기지 않아도, 어떤 위대한 일을 이루지 않아도,

나는 네가 순종함으로 이 곳에 있다는 것만으로도 너의 큰 상급(하나님께 받은 하늘의 상)이라고 여기고 있단다."

여전히 난 업적이 없는 사람이다. 가진 것도 없는 사람이다. 그나마 있던 것을 정리해야 하는 상황에 놓여 있다. 그런데 하나님은 나를 바르게 산 자라고 말해 주신다. 그거면 됐지 않은가.

자, 이제 털어버리자. 새 술은 새 부대에! 이전의 것은 털어버리고, 새로운 시즌을 향하여 걸어가자! 가자, 천국이 눈앞에 있다.

여전히 신비 속에 살고 있다

잠이 오지 않는다. 이리 뒤척이고 저리 뒤척여도 그저 무거운 마음만 날 짓누를 뿐이다. 주님이 날 초청하신다.

"나와 좀 걷자."

새벽 1시가 넘은 시간, 영하 10도를 기록하는 강추위에도 불구하고 꽤 많은 사람들이 깜깜한 밤길을 거닐고 있었다. 다들 말 못할 고민이 있는 듯, 한숨을 내쉬며 바닥을 바라보며 천천히 걷고 있었다. 나도 조용히 발걸음을 내딛었다.

"진호야, 너는 나의 신비 속에서 사는 사람이다."

가던 길을 멈췄다. 마음 깊은 곳에서 짜증이 올라왔다. '신비?' 나는 눈에 들어오는 벤치에 앉아 입을 꾹 닫아버렸다.

'뭔 신비?'

금방이라도 무너져 내릴 것 같은 현실 앞에서 주님의 그 어떤 위로의 말도 수긍하기 어려웠다. 신비라니? 내가 주님을 위해서 일해 왔던 지난 10년 동안 무슨 신비가 있었단 말인가? 언제나 위태위태하게 살아왔고, 그저 내 힘으로 해쳐온 것 같은 지난 10년의 시간 속에 무슨 기적이 있고, 신비가 있었단 말인가? 한참을 침묵하던 내 입에서 그를 향한 원성이 터져 나왔다.

"주님, 무슨 신비가 있었어요? 무슨 기적이 있었어요? 그냥 저 혼자 아등바등 대다가 지금도 이렇게 혼자인 걸요. 무슨 신비를 말씀하세요?"

"시편 135편을 봐라."

"보긴 뭘 봐요? 맨날 그 말씀이 그 말씀이드만. 안 봐요!"

난 참 원망도 빠르고 후회도 빠른 사람이다. 금세 후회하고 집으로 들어와 성경을 펼쳤다. 찬양을 들으며 시편 135편을 읽어 내려간다.

'3절, 여호와를 찬양하십시오. 여호와는 선하신 분입니다. 아름다운 여호와의 이름을 찬양하십시오.
5절, 나는 여호와의 위대하심을 알고 있습니다...
21절,... 예루살렘에 거하시는 그분에게 찬양이 있기를 바랍니다. 여호와를 찬양하십시오.'

특별한 내용은 없었음에도 이 시편말씀이 내 마음을 평안하게 했다. Soaking 워십음악(최근 유행하는 예배음악의 한 유형으로, 묵상을 목적으로 하는 편안한 연주음악)을 들으며 눈을 감았다.

내 앞에 예수님이 천사들과 함께 서 계셨다. 그가 내게 말했다.

"내가 나의 천군천사를 네게 보내니, 그들이 너를 보호할 것이다."

눈을 감은 채 손을 높이 들었다. 마음의 감동을 따라 주님을 노래했다. 8년 전 광주의 한 개척교회에서의 일이 떠올랐다. 친구 목사와 함께 그 개척교회의 부흥회를 인도하던 때였다. 찬양을 인도하고 내려와 말씀을 전하는 친구를 보고 있는데, 그 친구의 옆에 예수님이 서 계시는 것이 보였다. '예수님이 키가 크시네.'라고 생각했다. 그리고 어디선가 이상한 소음이 들렸다. 그 소음은 곧 노래가 되었다.

"영광 중의 주님, 영광 중에 계신 주님, 그 영광이 이곳에 가득하도다"

처음엔 한 음이었던 노래가 화음이 되었고, 이어서 4성부의 노래가 되었다. 나도 모르게 눈을 감았다. 어느 새 교회의 천장과 벽이 사라지고 푸르른 하늘이 펼쳐졌다. 예수님의 주위를 수많은 천사들이 날아다니고 있었다. 그들이 이 노래를 부르고 있었다. 그 교회에 모였던 사람 중에 나만 그 광경을 목격하고 있었다. 난 술 취한 사람처럼 내 몸을 가누지 못하였다. 아마 주위의 사람들은 내가 정신이 나간 줄 알았을 것이다.

'그렇구나.'

 힘겨운 현실에 치여 잊고 있었다. 난 지난 10년을 주님이 베푸신 신비 가운데 살고 있었다. 내 필요를 채우시는 것과 상관없이, 그는 내게 그의 신비를 보여주셨다. 실패하는 것이 무슨 상관이겠는가? 설령 내가 가진 모든 것을 잃어버린다 해도 무슨 상관이겠는가? 나는 그의 신비 속에 살고 있는데.

 한참을 찬양하다보니 날이 밝아 있었다. 내가 처해 있는 상황은 아무것도 변한 게 없었다. 하지만 그 밤 주님은 내게 그의 신비를 맛보게 하셨다.

 그것이면 되었다. 난 또 걸어갈 힘을 얻었다.

 | 영광 중의 주님

* QR을 찍으시면 노래를 들을 수 있습니다.

현재진행형

코로나 펜데믹이 시작되기 직전인 2019년, 주님은 내게 말씀하셨다.

"진호야, 너는 한 달에 천만 원을 쓰는 자가 될 것이다."

와우, 난 환호성을 질렀다. 한 달 천만 원이요? 천만 원이라니! 그 때부터 난 그 천만 원을 묵상하였다.

"한 달에 천만 원이면, 일 년이면 1억 2천만 원, 10년이면 12억, 내가 앞으로 40년을 산다고 하면 48억, 오케이."

내 머릿속에는 끊임없이 계획이 세워지고 있었다. 그리고 코로나의 시대가 찾아왔다. 들어오던 후원은 반의 반 토막이 나버렸고, 찬양사역도 완전히 멈춰버렸다. 이전에도 그랬지만, 코로나 이후 내 삶은 주님의 '빛의 삶'이 아닌 '빚의 삶'이 되어 버렸다. 그런 중에도 꿈을 놓지 않았다.

"주님이 반드시 주실 거야."

그렇게 매주 복권도 사고, 누군가를 만날 때면 혹시나 하는 기대감을 놓지 않았다. 그러나 한 달이 지나도, 반년이 지나도, 일 년이 지나도 삶은 어려워지기만 할 뿐이었다. 탁송기사와 대리기사로 일을 시작해 보았지만, 상황은 나아지지 않았다. 코로나가 끝나면서 다시 선교지의 일과 교회 찬양에 대한 일들을 할 수 있었으나 여전히 나는 빚 가운데 살고 있다.

 결국 늘어나는 빚을 감당할 수 없어서 결정하게 된 것이 개인파산이었다. 파산을 진행하다보니 지난 몇 년간 재정상태를 조사하여 진술서를 작성해야만 했다. 그러다보니 정말 힘겹게 한달 한달을 버텨왔음을 알게 되었다. 3년 전에는 한 달에 5-6백만 원을 갚아 나가던 것이, 그 다음해는 7-8백만 원으로 늘어 있었다. 그리고 작년엔 드디어 한 달에 천만 원씩을 쓰고 있었다.

"뭐예요? 이게 그 천만 원이에요?"

이렇게 투정하듯 묻는 내게 주님은 또 성경구절을 생각나게 하신다.

"이는 내 생각이 너희의 생각과 다르며 내 길은 너희의 길과 다름이니라 여호와의 말씀이니라"(이사야 55장 8절)

 그러고 보니 누가 내게 48억을 주신다고 하셨던가? 나는 엉뚱한 생각으로 주님의 생각을 곡해하고 있었던 것이다. 그렇게 주님만 의지한다더니, 난 48억을 의지하고 있었구나. 48억을 바라보고 따라가고 있었구나. 하하, 주님은 말씀을 이루시는 분이다. 그 말씀은 분명히 이루어졌다. 난 한 달에 천만 원을 쓰는 사람이 되어 있었다.

난 다시 그렇게 내 안의 믿음을 다져본다. 32년 전에 보았던 그 청년의 모습을 다시 떠올려 본다. 아무것도 없던 앞을 바라보며 그저 묵묵히 걸었던 환상 속의 그 청년을!

난 다시 그 청년이 되려 한다. 묵묵히 그 길을 걷는 청년이 되려 한다. 난 여전히 그 길을 걷고 있다.

에필로그

 개인파산을 법원에 신청하면서 지인에게 소개받은 변호사를 법정대리인으로 선임하였다. 잘 모르는 일이기에 법정대리인의 도움을 받는 게 당연했지만 역시 문제는 돈이었다. 수임료 320만원을 분할하여 납부하기로 하였지만 매달 50만원씩의 분할납부도 적지 않은 부담이 되었다. 어디 바랄 곳이 없으니 주님께 하소연 해본다.

"주님, 변호사 비용이라도 한 번에 해결되면 좋겠어요."

 며칠 뒤였다. 자기 사정도 어려운 후원자 한분이 내게 100만원을 후원금이라고 보내 주었다. 어리둥절했지만 감사의 인사를 전하였다. 그리고 또 며칠 뒤, 개척교회를 하는 교회 사모님이 내게 만나자고 연락을 해왔다. 내 파산 소식을 들은 목사님과 사모님이 자기들이 모아 놓은 돈이라며 내게 봉투를 건네주었다. 또 어리둥절하면서 감사의 인사를 전하고 나와서 봉투를 열어보니 220만원이 들어 있었다. 모두 합쳐서 320만원이었다. 곧바로 변호사에게 연락하여 수임료를 보냈다.

 또 며칠 뒤, 대구에 사는 후배 교수에게 연락이 왔다. 한번 내려와서 식사나 하자는 내용이었다. 바람이라도 쐴 겸 대구로 내려가 후배를 만났다. 여러모로 나를 도울 방법을 생각하던 후배가 자신의 전공인 음악으로 날 돕고 싶어서 날 부른 것이었다. 새 음원을 무료로 제작해

주고 싶다고 했다. 대화를 나누던 중에 생각이 나서 지금 책을 준비하고 있다고 말했다. 그러자 자신이 출판사도 운영한다며 책도 같이 출판하면 어떻겠냐고 제안했다.

"그럼 음원하고 책 출판에 예산이 얼마 정도 들까?"

"형, 한 500만원이면 될 것 같은데요."

그럼 복잡한 일들이 정리되고 가을 이후에 돈을 마련하여 진행하자는 내용으로 대화를 마무리 했다. 그 다음날, 친한 후배 목사에게 연락이 왔다. 자기와 친분이 있는 개척교회에서 후원을 하고 싶다는 내용이었다. 계좌를 알려주고 잠시 후, 계좌를 확인해보니 500만원을 후원금으로 보내 왔다.

아이고, 참 내. 변호사와 상의한 후 500만원을 출판사로 보내고 5월부터 본격적으로 책과 새 음원을 준비하기로 했다.

개인파산을 진행하면서 절망적이고 우울할 것으로만 생각했는데, 재미있는 일들의 연속이다.

며칠 뒤, 싱가포르에 사는 친구 목사와 통화하며 지난 한 달 간 있었던 재미있는 일들에 대해서 나누었다. 즐겁게 내 얘기를 듣던 친구는,

"하나님께서 목사님 정말 좋아 하시나 봐요." 한다. 그러면서 어떤 감동이 왔는지 축복을 해준다.

"목사님, 앞으로 목사님의 이야기를 듣는 사람들 중에 축사(악한 영을 내쫓는 일)가 일어날 거예요. 다른 축사를 말하는 게 아니에요. 지금 교회고 사람이고 모두 돈의 영에 사로잡혀 있거든요. 그런데 목사님 삶에 하나님이 하신 일들을 듣고 그 사람들이 돈으로부터 자유로워지는 일이 생길 거예요."

내가 훈련받은 예수전도단에는 '반대정신'이라는 말이 있다. 세상의 법칙을 따르지 않고 하나님의 법칙을 따르는 것을 말한다. 내 인생의 방향을 결정해 준 말이기도 하다. 세상을 거스르는 삶, 오직 하나님만 의지하고 따라가는 삶, 그것이 내가 우리 주님 앞에 결정한 삶이다.

"목사님, 이젠 후회하지 마세요. 대가를 받지 못했다고 억울해 하지도 마세요. 정말 하나님만 바라보고 사세요. 목사님의 삶을 보면 예수님이 말씀하신 순회 전도자의 삶을 보는 것 같아요. 목사님, 그게 하늘의 삶이잖아요. 신비로운 삶이잖아요."

전화 너머로 전해져 오는 친구의 목소리가 마음과 영을 울린다. 그래, 후회하지 않겠다. 대가를 바라지 않겠다. 나는 하나님 나라의 공무원이 아닌가? 주님이 나의 대장이시고, 나의 주인이시고, 나의 아버지이시지 않은가?

"목사님, 목사님이 필요한 게 떨어지면 그건 목사님이 고민할 문제가 아니에요. 아들이 궁핍하니 아버지께서 더 고민이시죠. 우리 아버지가 아들의 필요를 채우시지요. 그게 아버지잖아요."

 우리 육신의 아버지도 아들이 원하는 것은 어떻게든 들어주고 싶어서 애쓰셨는데, 우리 하늘 아버지는 어찌 더하시지 않을까.

 다시 하늘 아버지를 떠올리며 미소 짓는다.

"이 산지를 내게 주소서
이제 내가 주님의 이름으로
그 땅을 취하리니"

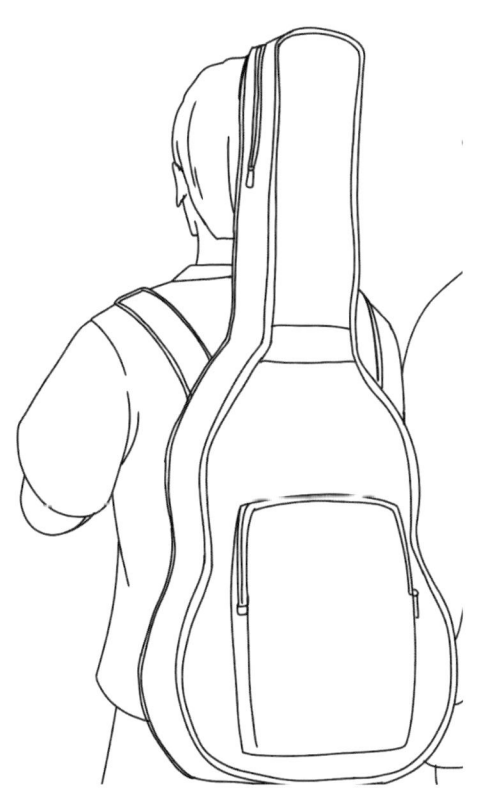

믿음의 삶,
믿음으로
그와 함께 걷다

발 행	2025년 8월 30일
발행인	김인숙
발행처	mirutree (미루트리)
	https://www.facebook.com/mirutreePC/
등 록	제 25100-2016-000011호 (2016.4.15)
주 소	01198 서울시 강북구 삼양로19길 113, 114-102
메 일	mirutreePC@gmail.com

ISBN 979-11-91808-06-3

ⓒ2025 mirutree Publishing, Printed in Korea.
이 책의 무단 전재와 복제를 금합니다.

파본은 구매하신 곳에서 교환해 드립니다.